# 一〇〇年学習時代

はじめての「学習学」的生き方入門

本間正人

BOW BOOKS

# はじめに

## 生きることは学ぶこと、学び続けること

人は、未熟な状態で生まれ、天与の学ぶ力を使って学び続けることによって、その人らしくなっていきます。その人ならではの人生を歩み、その人にふさわしい人生の締めくくりを迎えるまで、学び続けます。日本人の平均寿命が延びた今、まさに「人生一〇〇年学習時代」が到来しているのです。

個人だけではありません。人類は種として「学習する存在」（ホモ・ディスケンス）であり、学び合い、助け合うことによって、個体としての弱さを補い、今日、最も優勢な種として地球上に繁殖しています。

こうした人間観に立って、政治経営の理念を探究し、日本の未来を、そして地球社会のビジョンを提案したい。今、六四歳の私は、人生と学習について、そんなふうに考えています。

もう三二年前になります。一九九二年に「学習学」という言葉を思いつきました。「教育学」という言葉、学問分野は存在するけれど、「学習学」という言葉はないじゃないか。

「学校」は「学ぶ建物」という意味ですが、一歩、校門に足を踏み入れれば、そこには「教室、教壇、教卓」があり、「教師が教科書を使って各教科を教えて」います。学校というものは、教える側の都合で設計された、教師にとってのホームグラウンドだけれども、児童・生徒・学生にとっては「アウェイ」な空間になっていることに気づきました。

日本の教育政策を方向づける「中央教育審議会」の委員は、大学教授や校長経験者が中心で、学ぶ側の代表は一人も入っていません。

教育を職業として選んだ人はその立場を継続できますが、学生は教育課程を通過していくので、学ぶ側の立場を代表しにくいという構造があります。

教育をめぐるさまざまな問題が論議され、会議体が設けられ、提言がまとめられ、現場に降ろされても、根本的なパラダイムが旧態依然では、本質的な転換は起こりません。

教える側に立った「教育学」から、学ぶ側の立場に立った「学習学」をつくらなければ。

以来、私なりに「学習学」を提唱して、あちこちで講演、研修を行い、大学の授業や自身が主宰する「研修講師塾」「調和塾」などで、実践を積み重ねてきました。しかし、「学習学」そのものについての本は書かないできました。毎年、「今年こそは」と思いつつ、あっという間に一年が過ぎ、なんと三〇年以上経ってしまいました。

本間正人の「本丸」だ、という思いが強すぎて、中途半端なものは出したくない、完璧なものをつくらなければという想念にとらわれてきたのでしょう。「正解が一つに決まっているわけではない」と、語り続けてきた私自身が、「正解」となるべき著作を書こうとしていたのですから、自己矛盾も甚だしい限りです。

我が師匠・松下幸之助翁は「素直になろう、と思い定めて、三〇年で素直の初段やな」とおっしゃっていました。そう、とりあえず、初段の認定試験の答案として、翁に提出する気持ちで書き直してみました。

最終学歴にも価値はあるけれど、最新学習歴の更新こそが、社会人としての成功の鍵を握り、人生を豊かにする、と言い続けてきましたが、本書は、二〇二四年時点での「最新学習学」。"Life-long" "Life-wide" "Life-deep Learning" という三つの軸で、学習をとらえ直しています。本間正人が、三〇年間、未成功（試行錯誤とは呼びません）を積み重ねてきた考察を現時点でまとめたものです。

二〇世紀型の学校教育で身につけた思考・行動のパターンが、日本社会の停滞を招いているという問題意識もあります。

「失われた三〇年」の根本的な原因は、学校教育の理念と仕組みが社会の変化の速度に適応できていないことではないか。

しかし、そうだとすれば、これまでの学校教育の常識を転換さえすれば、もっと明るい未来の日本社会をつくっていけるはずです。

私の壮大な目標は、**「学習する地球社会（Learning Planet 2050）」**のビジョンを提案することです。人類が「自然から学び、歴史から学び、文化の多様性から学び合う」ことで、持続可能な世界を構築できると信じています。

本書をお読みいただいて、何歳からでも、何か新しい学びを始めてみよう、学んだことを現実に使ってみよう、これまでの人生を振り返ってその意味を問い直してみよう、など、それぞれの現実の中で活かしていただければ幸いです。

本書が、あらゆることが関連し合って構成されているこの「世界」を、それぞれの立場から、少しずつ望ましい方向へと動かしていくことの一助となればと思います。

本間正人

二〇二四年五月　東京にて

## 謝辞

本書の上梓にあたっては、干場弓子さんに感謝しても感謝しきれません。一九九六年に、当時、ディスカヴァー・トゥエンティワンの社長だった干場さんにこのテーマでの出版をご相談し、ご快諾いただいたまま、四半世紀以上もお待たせしてしまいました。干場さんが再び、新しい出版社を立ち上げ、BOW BOOKSシリーズを始められてから、この本が形になったことにも、きっと意味があるに違いありません。

編集者の高木繁伸さんには、長年にわたり伴走していただいています。僕の「書けなかった言い訳」にもお付き合いいただき、そのバリエーションもすべて熟知されています。小池美月さんにも原稿整理にお力添えいただきました。その他、すべてのお名前を挙げることはできませんが、インスピレーションやフィードバックを賜ったすべての方に深く感謝申し上げます。

一〇〇年学習時代――目次

## 第三章 ◉ 「学習学」的学習「学習学」的生き方――111

## 第四章 ◉ 学校教育一八の呪縛——143

## 第五章 ◉ では私たちはどう学習すればよいか

第六章 ◉

# ライフロング・ラーニング 時間軸で学習をとらえる――229

## 第七章 ◉ ライフワイド・ラーニング 空間軸で学習をとらえる

## 第八章 ◉ ライフディープ・ラーニング 自己変容のための学習――297

エピローグ◉学習する地球社会を目指して——309

# プロローグ◉今、何が起こっているか？
# 教育と学習の新しい潮流

二〇一六年三月一九日、京都造形芸術大学（当時）の講堂に卒業生代表として呼ばれたのは平田繁実《ひらたしげみ》さん。御年九六歳二〇〇日。香川県高松市在住の平田さんは、八五歳のとき、友人の誘いで、通信教育部の陶芸コースに入学。陶芸の場合には、窯がないと作品ができないので、スクーリングのために京都に足繁く通い、一一年かけて卒業の日を迎えました。大役を無事に果たすと、新聞記者の質問に答え、「よい学生生活が送れた。今後は学んだことを人に教えていきたい」と語った平田さん。そして、同年六月、世界最高齢の学士号取得者として、ギネス世界記録に認定されました。

後日、私が高松のご自宅を訪ねると、驚いたことに母家とは別棟に電気窯が設けられ、陶芸教室ができるような設えになっていました。

和室にはノートパソコンが置かれていたので、

「これは何にお使いになるのですか？」と尋ねると、「囲碁を少々」とおっしゃる。

「遠くのお友だちと対局されるのですか？」

「コンピュータが碁敵《ごがたき》です。なかなか手強いんです」

「平田さんはお強いんですか？」

「五段です」

学び続ける人の風格というか、すごさを感じました。

この話を、私の母にしたところ、

「じゃあ、私も女子大生やってみようかしら？」

母は呉服屋の一人娘で、高校時代の成績はよかったようですが、「女は勉強しなくてよい」という祖父の方針で、泣く泣く進学を諦め、家業を手伝っていました。でも、心のどこかに大学で学んでみたいという気持ちがあったようです。

孫が大学に進学するのと同じタイミングで、六四年ぶりに高校から卒業証明書を発行してもらい（成績証明書はありませんでした）、八二歳で京都芸術大学の「和の伝統文化コース」に入学。必須科目の中には、寺院や美術館を見学し、レポートを書くことで単位を取得できるものもあります。受付のところで、

「こちら、シニア割引はおいくら？」

「学生割引はおいくら？」

と質問して、窓口の担当者を驚かせて楽しんでおりました。

残念なことに、三年目に病に倒れ、卒業は果たせませんでしたが、「梁塵秘抄《りょうじんひしょう》」を読ん

だり、「伊勢物語絵巻」のレポートを書いたり、大人になってからの学びを楽しんでいました。

「人生一〇〇年時代」とよく言われますが、「一〇〇年学習時代」が当たり前の世の中をつくっていきたいものです。高齢者が社会とつながり、社会の役に立っているという実感を持つことで、健康にも直結し、ＱＯＬ（生活の質）が確実に向上するでしょう。

今、本書を読んでいるあなたがもしもっと若かったら、なおさらのこと。社会の変化に対応して、自分らしい充実した人生を送るために、学び続けるという選択をおすすめします。

## 一生の中で学校教育の時間は？

さて、左の図1を見てください。これは人生の中で学校教育の占める範囲を表した図です。

横軸が年齢、左端が生まれたばかりの〇歳、そこから二〇歳、四〇歳、六〇歳、八〇歳、一〇〇歳以上となっています。

縦軸は時刻を表します。一番上が真夜中の〇時、中央がお昼の一二時、一番下が真夜中の二四時です。長方形に囲んだ部分が一人の人生を表します。

小学校一年生は六歳の八時半から始まって一五時くらいまで。一二歳までが小学校、一五歳までが中学、一八歳までが高校、その後、短期大学、四年制大学、大学院などに進む人もいます。

しかし、長い人生の中を見通してみると、学校教育の「箱」というのは、意外と小さく感じられないでしょうか？

**図1**

学校教育は期間限定

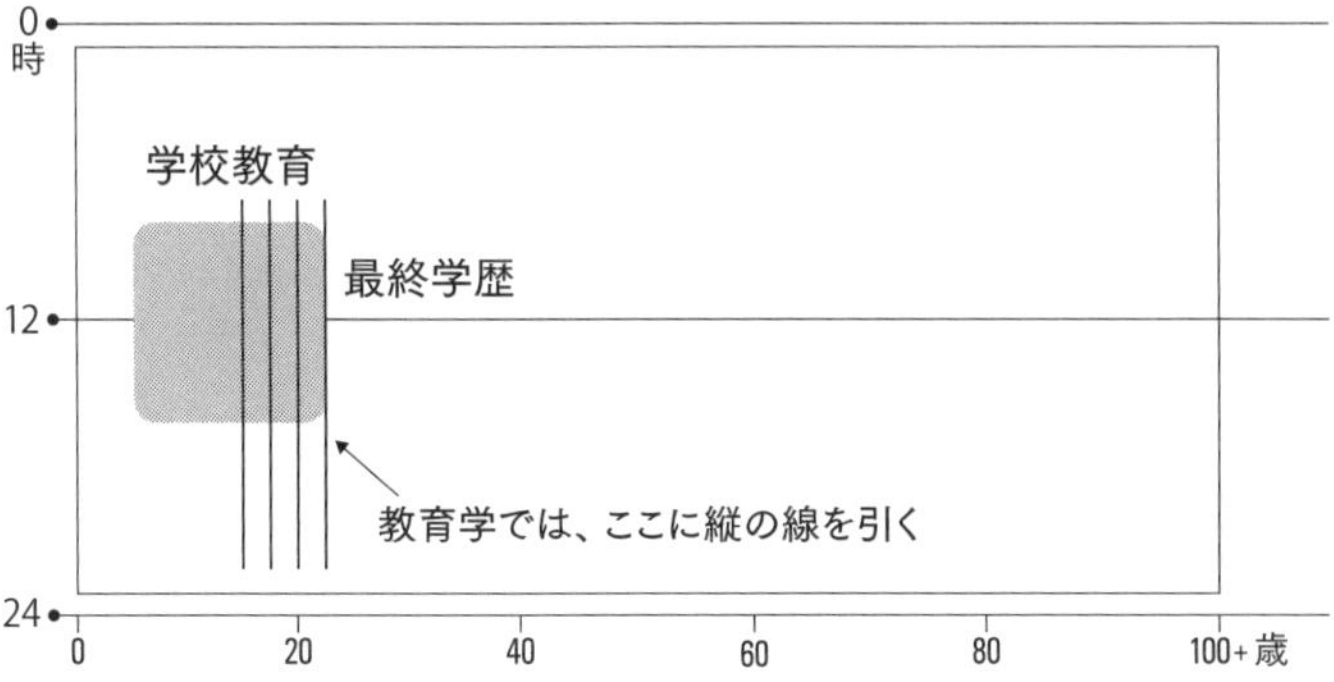

しかも、土曜日、日曜日、国民の祝日、さらに、夏休み、冬休み、春休みがありますから、この箱の中には、かなりの隙間が空いています。学校暦は、一年を五二週でなく、三五週で計算するのです。

ここに引かれた縦の線が、ある人の「最終学歴」と呼ばれます。

厳密に言えば、教育基本法の第一条に定められた学校種を卒業、あるいは修了した場合に、学歴を獲得できるのです。就職しようと思えば、履歴書の所定欄に記入することになっていますし、人物紹介の「プロフィール」にも、記載するのが一般的です。

全体の中のごく一部である二二歳までに受けてきた教育だけが、過剰に注目されてきているとは感じませんか？

## 最終学歴も大切だけれど

もちろん、最終学歴も極めて重要です。

文部科学省の学習指導要領に定められた所定の課程を経て、身につけるべき知識、技能を修得したということの証明となります。

現場の先生方は、やはり学習指導要領の枠内で、日々、精一杯の創意工夫を積み重ね、充実した授業を行おうと奮励努力されています。私自身も大学教員の一人として、楽しくて役に立つ授業をすべく務めています。

しかし、「**最終学歴**」という言葉には、大きな違和感を覚えます。

人生の中に「学び終わり」があってよいのでしょうか？

人生一〇〇年で考えたとき、こんなにも早い時点で学ぶのを終わるというのは早すぎないでしょうか？

三〇代、四〇代、五〇代、六〇代、七〇代、いや、もっと年齢が高くなっても、何歳からでも、学びたいときに学べるように、学校が門戸を開くべきではないでしょうか？

また、学校だけが学びの場ではないはずです。最後の学校を卒業した後、その人が仕事の中で、あるいは、さまざまな人間関係を通じて学んできたこともまた、学歴と同様に、場合によってはそれ以上に、重要なのではないでしょうか？

人生の中の多様な学びの大切さを、もっと評価する仕組みがあってしかるべきではないでしょうか？

等々、次々に疑問が湧いてきます。

最終学歴ももちろん価値があります。けれども重要なのは、その中身ではありませんか？ その中身を吟味することなく、ただただ学歴や学校名だけが過大に珍重されていると思いませんか？

この小さな箱にすぎない学校教育を終えた後にも学び続けることが大切だということ、すなわち、「最新学習歴の更新」の重要性を広めること、それが本書を通じて私が訴えたいことです。

英語の履歴書では、学歴を表すのに、Educational Background あるいは Educational History といった表現を用います。ここには「最終」のニュアンスは存在せず、学びの可能性は常に未来に開かれているというニュアンスがあります。

人生一〇〇年時代、誰もが、学び続けるのが自然であると感じられるような、「一〇〇年学習人生」が普通になってほしいと、心から願っています。

今、二〇歳以下の日本人はかなりの確率で一〇〇年以上生きるということが予測されています。そのため、一〇〇年時代に備えた医療、介護、福祉、街づくりを行っていかなければならないと、さまざまに議論されていますが、**「一〇〇年学習社会」**を、その中軸的な柱にすべきだと考えます。

## 最新学習歴とは

最新学習歴という言葉には、「最終学歴」との対比の中で、いくつか重要な意味があります。

第一に、**「最終」ではなく「最新」である**ということ。

人生に「学び終わり」があってはならない。あるはずがない。なぜなら、人間は生きている限り、学び続ける存在だからです。特に、社会の変化の速度が速くなっている現代社会では、学び続けることがとても重要です。

最近、リカレント教育やリスキリングが注目を集めているのは、そういう意味で、よい傾向と言えます。でも、学習は、それだけではないと感じている方も多いはずです。「最新学習歴」という概念は、社会人の学習を、いわゆるビジネススキルに直結したものに限定しません。

最新学習歴という言葉の、「最終学歴」との対比の中で、重要な意味のもう一つは、**「学歴」ではなく、「学習歴」である**ということです。学歴とは、教育基本法の第一条に定められた学校を卒業、あるいは修了した場合に獲得できるものです。これに対して「学習歴」は、人生の中の、ありとあらゆる学びを含みます。

「学歴」が示すのは、二三ページで示した図1のごく小さな一部であるのに対し、「学習歴」は外側の長方形、つまり、人生のすべてを指します。後で詳しく述べるように、仕事も、家事も、子育ても、終活も、看取りも、すべてが学習です。

重要な意味の第三は、「最新」は、**学習者にとっての「最新」である**ということ。ともすれば、「新しい」という漢字に引っ張られると、最先端の科学技術や国際社会の動向などに意識が向くかもしれません。こうしたアップ・トゥ・デートな知識も対象になりますが、たとえば、ギリシャ哲学や中国古典、仏教や伝統文化・芸能、工芸などを学ぶことも、その人にとって初めてのことであれば「最新」の学習です。

第四の意味は、それに関連しますが、他者との比較で新しいかどうかは関係なく、**「自己ベストを更新すること」**が最新の基準になる、ということです。人生のどの時期に「最新」であったとしても、誰かより早かったとか遅かったとか、他者と比べる必要はないのです。十種競技の日本記録保持者・右代《うしろ》啓祐《けいすけ》選手とお話ししたときに、「どうやって自己ベストを更新し続けてこられたのですか？」と質問すると、右代選手、答えて曰く「毎日、新しいことを取り入れています」。

決まった練習のパターン、ルーティンはあるのでしょう。しかし、それを続けているだけでは現状維持が関の山。自己ベストを更新するためには、何か新しい工夫、トレーニングの在り方を導入することが不可欠です。過去の自分と比較してどれだけ成長したかが、その人にとって大きな価値を持ちます。さすが第一人者の答えは違うなあ、と感じ入りました。

最後に、「歴」というのは、その人にとっての記録、軌跡であり、学位や資格、段位、級位のように権威ある他者から評価・認定されるものに限らないということです。

これも、あとの章で詳述しますが、私たちは、他者から評価されることを過剰に重視してはいないでしょうか。優等生とは、他者の定めた基準に基づいて得られた評価です。しかもその基準は、何らかの社会背景を反映した恣意的な基準にすぎません。にもかかわらず、その順位が上がった、下がったということに意識を向けすぎている人が多いのが実状です。それはペーパーテストの点数であり、学校の「偏差値」がその典型です。

ある人にとっての、最新学習歴とは、色の違いのようなもので、他者との優劣を比較する必要はありません。

## 最新学習歴にまつわる質問

私が最新学習歴について語ると、「その通りだ、気持ちが楽になった」という声が多く寄せられます。実際、私の友人の間では、新しい学びを始める人、社会人入学をする人の割合がどんどん高くなっています。
他方、疑問を投げかけられる場合も少なくありません。そこで、これまで多くの人から受けてきた質問に、あらかじめお答えしておきたいと思います。

それは、「いつまで学び続けなければならないのですか？」という質問です。

この質問の背景には、①「学びとは、できれば避けたいもの、あまりしたくないもの」という意味が込められています。そして、②「やりたくないけれど、義務感で仕方なくやるもの」という意識もあるのではないでしょうか？

**人間はホモ・ディスケンス「学習する存在」です。**好むと好まざるとにかかわらず、今、この本をお読みのあなたも、仕事をしている人も、クルマの運転をしている人も、食事をしている人も、テレビを見ている人も、眠っている人も、「広義の学習」を行っています。生きている限り、学ばないなんてことはありません。学び続け「なければならない」と言う以前に、「あなたは、すでに学んでいる」のです。
この点については、のちほど「無意識の学び」を解説したいと思います。

もちろん、学びの質はさまざまです。あとから振り返って、人生最良の学びだったという数分もあり得るし、何年も学校に通ったけれど、あまり身についた実感が湧かない、ということだってあり得ます（それでも、また数年後に、その体験の意味が発見されることもあります）。

人は、意識するしないにかかわらず、外界との接触を通じて、自己変容を続ける存在です。ですから、学ばなければならないという義務感は必要ありません。

それでも、学ぶことに対して腰が重い、と感じる方は、おそらく、これまで受けてこられた「古い教育」のイメージを引きずっているのでしょう。あまり面白くない、すぐに役に立たない、自己肯定感が下がる、そんな過去の学校教育の残像が、現在・未来の学びに向かう気持ちを削いでしまっているのでしょう。

だからこそ、新しい何かを発見し、自分の可能性に気づき、今までできなかったことができるようになる、誰もがそんなワクワクするような学習体験を、この世に生を受けた瞬間から天寿を全うするまで一〇〇年間（もちろんそれ以上でも）、続けられる社会にしていきたい。それが、私の「一〇〇年学習社会」ビジョンです。

## 文部科学省も学習学的に

実は、私が初めて「学習学」を提唱した一九九二年頃というのは、一生懸命お話ししても、反応がイマイチというか、手応えが感じられない時代でした。この人は何を言っているんだろう、というようなポカンとした目で見られることが多かったのです。

しかし、最近は、「学び続けていく必要があること、よくわかります」「学習者の視点に立つことが大切ですね」「実際、最新学習歴を更新しています。楽しいです」といった声をいただくことが増えてきました。

ようやく時代が追いついてきた、と言うと、不遜な響きになりますが、誰もが最新学習歴を更新できるような環境が整ってきているのは間違いありません。

二〇〇八年に、文部科学省が小・中学校の学習指導要領を改訂する際に、「生きる力」という理念を掲げたことは、我が国の教育政策の大きな転換点でした。さらに遡ると、実は一九九六年の時点で、中央教育審議会の答申の中にもこの「生きる力」という言葉が含まれていました。

我々はこれからの子供たちに必要となるのは、いかに社会が変化しようと、自分で課題を見つけ、自ら学び、自ら考え、主体的に判断し、行動し、よりよく問題を解決する資質や能力など自己教育力であり、また、自らを律しつつ、他人とともに協調し、他人を思いやる心や感動する心など、豊かな人間性であると考えた。たくましく生きるための健康や体力が不可欠であることは言うまでもない。我々は、こうした資質や能力を、変化の激しいこれからの社会を、「生きる力」と称することとし、知、徳、体、これらをバランスよくはぐくんでいくことが重要であると考えた。

しかし、「生きる力」が学習指導要領に盛り込まれるまで、一二年の時を要しました。「生きる力」とは、一人の人間としての資質や能力を指す力であり、「知・徳・体のバランスのとれた力」の総称を「生きる力」であると文部科学省は呼んでいました。

そして、二〇一二年には文部科学省が「アクティブ・ラーニング」（ＡＬ）の重要性を強調するようになります。さらに「生き抜く力を育む」という理念の具体化には、「生きて働く〝知識・技能〟の習得」、「未知の状況にも対応できる〝思考力・判断力・表現力等〟の育成」、「学びを人生や社会に活かそうとする〝学びに向かう力・人間性〟の育成」の三本の柱を偏りなく実現することだ、としています。この流れも、私としては大歓迎です。ところが学習指導要領の中では、カタカナ語が嫌われたのか、「生き抜く力を育む」ための「主体的・対話的で深い学び」という表現が用いられました。

個人的には、「アクティブ・ラーニング」という言葉を使ってほしかったと感じています。人間は生まれながらにしてアクティブ・ラーナーであり、赤ちゃんはさまざまなものに触れようとし、口で味わおうとして、外界を認識する行動をとります。まさに、原初的なアクティブ・ラーニングです。では、これが「主体的・対話的で深い学び」と言えるかというと、大いに疑問です。

アクティブ・ラーニングは、人生を通じて行われる大きな全体集合であり、「主体的・対話的で深い学び」は、全体のごく一部を占める重要な部分集合にすぎないのです。

二〇二一年の中央教育審議会の答申では、「個別最適な学び」と「協働的な学び」の一体的な充実も提起されました。『「令和の日本型学校教育」の構築を目指して～すべての子供たちの可能性を引き出す、個別最適な学びと、協働的な学びの実現～（答申）』の中核を占めるコンセプトです。

あとの章で、教育と学習の違いについて述べていきますが、文部科学省自体も、徐々にではありますが、教育学的発想から学習学的なパラダイムにシフトしつつあると感じます。東京都千代田区立麹町中学校の元校長で、学校教育界では著名な工藤勇一先生は、教育の最上位目標は「生きる力」のような抽象的な言葉ではなく、「個としての主体性」と「多様な集団の中での当事者性」、まとめればAgencyという言葉に集約されるべき、と提唱されています。人生一〇〇年時代を見通した教育を提供することが、行政や教師の役割だと言っていいでしょう。

## 多様な新しい学校が登場

教育機関の選択肢が増えることは、とても重要です。全国一律の一種類しかなければ、そこに合わない児童・生徒・学生が出てきて、不適合を起こしてしまうことも大いにあり得ます。さまざまなメニューから選べるとなれば、完全なフィットとはいかないまでも、それぞれの児童・生徒・学生の許容範囲に収まる可能性が高まります。

ここ数年、全国各地で、ユニークな特徴を持った新しい学校が次々と開校しています。公立でも、中高一貫校の数は激増していますし、小中一貫校も増えています。

今や、日本最大の生徒数を擁するN高、S高など通信制高校は、この少子化の時代に、学校数も生徒数も右肩上がりです。二〇二三年一二月時点で二万七千名の在校生を抱えています。高校に馴染めなかった生徒のための高校卒業資格取得を支援するサポート校、補習校は、近年、最も増加した校種ではないでしょうか。中学校から通えるサポート校もできています。

さらに、二〇一六年、通称「教育機会確保法」（正式には「義務教育の段階における普通教育に相当する教育の機会の確保等に関する法律」）が制定されました。この法律は、学校復帰を大前提としていた従来の不登校対策を転換するもの。不登校児童・生徒の無理な通学はかえって状況を悪化させる懸念があるため、子どもたちが「学校を休んでもいい」と認め、学校以外で多様で適切な学習環境を保障し、提供することとなりました。全国的に不登校の児童や生徒が増えるなか、現在は、公的な機関としては教育支援センターや不登校特例校が、民間の機関ではフリースクールが、受け皿となっていますが、今後、オルタナティブスクールの数も増え、ホームスクーリングなども一般化していくことが予想されます。おそらく将来は、通信制の中学校・小学校も認可される方向ではないでしょうか。

私は「不登校」という呼び方をやめて「在宅選択」という呼び方を提案しています。従来型の学校で学ぶことに不都合を感じない子どもには「登校選択」、どうも馴染めないという子どもには「在宅選択」が認められてしかるべきです。**「在宅選択・登校選択の自由」**が大切なのです。

実際、在宅状態にある子に接してみると、感性が豊かで、洗練されたセンスの持ち主が多いと感じます。最新型のＰＣは、古いＯＳでは作動しません。ＡＩが進化する時代に、先進的な感覚を持った子どもが、古いＯＳで走っている学校教育でフリーズしてしまう現象が起こっているのです。

## 国際化、地域化の波も

大阪府立箕面高校では、民間人出身の日野田直彦校長が着任された後、海外大学への進学者が急増し、世界の大学ランキングで東大や京大よりも上位にランクインする大学に進む生徒も出てきました。以来、私立高校を中心に、米英豪加などの大学に志願する生徒が増え、サポートしているケースが増加しています。

また、ハンガリーの医学部や北欧の大学など、ヨーロッパ大陸で英語で授業を行う高等教育機関への注目も高まっています。学費が高騰しているアメリカに比べ割安で、質の高い教育が受けられるという理由からです。

国際バカロレアに認定されている学校も、学校教育法第1条に規定されている学校だけでも六三校を数え（二〇二四年三月時点）、独自の国際的なプログラムを持つドルトン東京学園やインフィニティ国際学院なども注目を集めています。

一方、新潟の国際大学（ＩＵＪ）、秋田の国際教養大学（ＡＩＵ）、大分の立命館アジア太平洋大学（ＡＰＵ）、沖縄の科学技術大学院大学（ＯＩＳＴ）など、大学の国際化も進みました。一九八二年に新潟で誕生した国際大学を第一号として、「学部(四年制大学)をおくことなく大学院をおく大学」である大学院大学も、国公私立で急増しています。専門職大学院、専門職大学という新しい学校種も生まれました。

海外大学への進学を視野に入れると、国内の進学校から、いわゆる一流大学へというルートが絶対的なものではなくなり、新聞社系の週刊誌が毎年、特集を組む高校別〇〇大学合格者ランキングも過去のものになっていく可能性があります。

また、二〇一四年には、軽井沢にISAK Japan（インターナショナルスクール・オブ・アジア軽井沢、現在はUWC ISAK Japan）が開校。チェンジメーカーの育成を目的とし、百名の発起人により設立された日本で初めての全寮制国際高校です。軽井沢にはもう一つ、幼小中の年齢の子どもたちが学年を越えて学び合う風越学園が二〇二〇年に開校し、首都圏などから教育目的で移住する家族を引き寄せています。

直近では、二〇二二年にハロウインターナショナルスクール安比ジャパンが岩手県八幡平市にオープン。二〇二三年にはラグビー校が千葉県に開校し、名門と呼ばれる英国のパブリックスクールが次々に日本にキャンパスを設けています。

その他、島根県立島前《どうぜん》高等学校が先鞭をつけた「島留学」は、出身地・親元を離れ、寮で生活し、教室だけでなく、地域社会で学ぶ取り組みで、「高校魅力化」のパターンも全国各地に広がっています。高知県立嶺南高校や大空町立北海道大空高校など、地域に根ざした教育活動が注目され、全国から生徒を集めています。

東京など大都市圏のほうが選択肢の幅が広い傾向は否めませんが、全国的に見ても、従来に比べると、学習者の特性に合った学びの場を選ぶ余地が確実に広がっていると言ってよいでしょう。

## オンラインの普及

二〇一八年のＰＩＳＡ（ＯＥＣＤ 生徒の学習到達度調査）によると、日本の子どもたちは、「学校の授業におけるデジタル機器の使用時間はＯＥＣＤ加盟国で最下位」である一方、学校外でゲームやチャットに使われる時間はＯＥＣＤ平均より多いという事実が判明し、何とかしなければという認識が広まりました。

二〇一九年に開始された**ＧＩＧＡスクール構想**とは、全国の児童・生徒一人に一台のコンピュータと高速ネットワークを整備する文部科学省の取り組みです。二〇二〇年からは、新型コロナウィルスの感染拡大で、ディバイスの配布は前倒しになり、一気に加速しました。現状では、小中学校では児童・生徒一人一台の端末が実現しています。

しかし、一方で、せっかくタブレットやChromebookを配布したのに、旧態依然たる一斉授業の割合が高止まりしているのは、極めて残念です。こうしたディバイスは、一人ひとり、多様な個性を持った子どもたちが「個別最適な学び」を実現するために最大限活用されるべきもの。自分の時間に自分のペースで使えばよいのです。これを一斉授業の文脈で使うのは筋が通りません。

現代の子どもたちにとって、ネットはテレビよりも身近な存在です。YouTubeやTikTokの視聴時間は長く、スマホやタブレットで学ぶことに対する抵抗感はほとんどありません。大学受験生の半数以上が使っているスタディサプリをはじめ、スタディプラス、すらら、アタマプラスなど、非同期のeラーニングプログラムが勃興しています。

また、当初はスカイプ英会話と呼ばれた、オンラインの英会話も急速に普及しました。それまでは、非常に高額だった一対一の個別レッスンが価格破壊を起こし、英会話学校の在り方を根本的に変えたのです。単語やフレーズのインプット中心だった英語教育から、対話や作文というアウトプットの機会が劇的に増える英語学習に転換したのは望ましいことです。


実は、一九八一年、放送大学学園法が制定され、広く社会人等に大学教育の機会を提供する生涯学習機関として放送大学が開学し、テレビ、ラジオで講義を配信してきています。それ以前にも通信制大学は存在しましたが、教材やレポートは郵送され、スクーリングが行われる仕組みでした。

通信制大学としては、二〇二三年現在、京都芸術大学は、私立大学の通信教育課程として最大の学生数を持っています。二〇〇四年に開学した八洲学園大学、新潟産業大学を母体としオンラインだけで経済経営学士号の取得が目指せるネットの大学managara（マナガラ）や、ソフトバンクグループが運営するサイバー大学など、いつでもどこからでも学べるプログラムが次々に誕生しています。

アメリカでは、二〇〇六年にKhan Academyが算数、数学の動画配信を開始。マイクロソフト社等からのサポートもあり、ハイスクールにおける反転授業（宿題をしてから授業を受ける授業形式）のベースとしての活用が広まりました。現在では、他の科目も提供されていて、日本人にとっては、英語の学習教材としてもおすすめです。日本の普通の学校英語の授業では、加減乗除の数式の読み方も学ばないので、理工系の方には特に有用でしょう。

また、Udacity、edX、Courseraなど、大学の講義が無料で受けられるMOOC(Massive Open Online Course)が普及しました。これは、インターネット上で誰でも受講できる講義を指します。基本的には無料で登録・受講できますが、単位認定を受けたい、学位を取得したいという場合には、費用が発生し、試験を受ける必要があります。しかし、国土が広大で、近隣に大学が存在しない地域で、ハーバードやMIT、スタンフォードなどの授業が受けられるのは、高等教育機会の拡大に大きな役割を果たしています。

日本でも二〇一三年にJMOOC（日本オープンオンライン教育推進協議会）が発足し、個人が意欲的に学ぶことを支援するとともに、知識やスキルを社会的な価値へつなげていくことを目指しています。JMOOCでは「良質な講義」を「誰も」が「無料」で学べる学習機会を提供し、二〇二二年末までに累計五六〇講座が提供され、約一五〇万人が受講しました。その先頭を走っていた京都大学がセンターを廃止したのは痛恨の極みですが、大きな流れはこれからも続いていくと予想されます。

## ●ChatGPTの登場

二〇二二年一一月、自然言語で作動する生成AI、ChatGPTが登場し、世界を震撼させました。これまで過剰に重視されてきた「言語レベルの情報処理能力」が一気に価格破壊を起こした状況です。

たとえば、「難関国立大学」の二次試験で「平安末期の荘園制度が崩壊した理由について三百字で述べよ」「宗教革命がヨーロッパ社会にもたらした変化を四百字で述べよ」といった論述問題に適切に解答するためには、教科書を読み込み、事実関係を深く理解し、要点を簡潔に作文する能力が求められます。こうした能力を獲得するために、人間は少なくとも数カ月、通常は数年にわたる学習が必要です。ところがChat GPTは、ものの数秒でスキのない答えを出してくるのです。

もちろん、こうした知識を持つことはとても大切ですが、これを試験で評価する項目の中心に据える時代は終わりました。社会で起こるさまざまな出来事を歴史的な視座でとらえ、意味づける能力は極めて重要です。しかし、これまでの論述試験が問うてきた「模範解答との一致度」を評価する仕組みの相対的重要性は確実に低下したと言えるでしょう。むしろ、歴史的事象に関して、「私はこう思う、こう考える」という自分なりの解釈を述べる力が求められます。「そのために知識が必要だ」という反論が聞こえてきそうですが、自論を語る目的で歴史を学ぶのと、試験で模範的に解答するために歴史事項を暗記するのとでは、スタンスが全く異なるのです。

Chat GPTが注目を集め始めたときに、多くの大学で「学生がChat GPTを使ってレポートを書いたらどうしよう」という議論が行われたと聞いています。しかし、教育者が新しい技術を学ぶことに消極的で忌避する姿勢では、時代に取り残され、学生に舐められます。私は、レポートの課題を発表する時点で学生がChat GPTを使うことを想定してこう伝えています。

「この課題に対して、Chat GPTはこんなふうに回答します。これは要点をしっかり押さえていますが、それだけなので単位を認められません。みなさんは、これを超える水準のレポートを書いてください。それは、自分自身の体験を踏まえ、自分自身の意見をしっかりと自分の言葉で書くこと。その部分を評価します」

「Chat GPTの出力をそのままコピペしてきたら?」という疑問もありました。しかし、少なくとも現時点では、生成AIに特有の文体やクセがあるので、経験を積むと判別できるようになります。英語ネイティブなので翻訳調になるのです。心配な場合には、学生のレポートをコピペして、Chat GPTに質問すれば、「これはChat GPTが生成した文書です」「九八・七%の確率でChat GPTが生成した文書です」などと答えてくれます。

スマホで簡単に使える現状ですし、学生の使用を禁止するのは不可能であり、非現実的です。官庁や会社の場合には、企業秘密や国家機密、個人情報が漏洩する危険性がゼロではないので、入力する情報には注意すべきでしょうが、禁止するのはもったいない。

Ｅメールが普及するときに、「アドレスの文字を打ち込むのは面倒だ」「やはり紙でなければ」「ＦＡＸのほうが図表が送れる」といった反対論がありました。今となっては、笑い話ですが、生成ＡＩに関しても過剰に臆病な議論が行われています。

ビジネスパーソンにとっては、「英語で業務マニュアルを作成する」のは、極めてハードルの高いタスクでした。しかし、今や、生成ＡＩを用いれば、ものの数分で骨格をつくることが可能です。最初に必要となる自己紹介が苦手な人は、谷口恵子氏の『自分のことを一〇〇ネタ話すためのＡＩ英作文』（コスモピア）を活用すれば、あっという間に、自分だけの宣材を用意できます。

学生にとっても、教科書は文科省や学校から与えられるものではなく、自分のテーマに沿って自分でつくることができる時代が訪れているのです。今後、ますます急速な発展を遂げることは間違いありません。使わないなんて選択肢はあり得ないでしょう。

一方、ＡＩと殺傷能力を持った兵器を連動させることなど、生命との関係においては、倫理的に慎重な議論が必要です。人格権の一部たる肖像権の二次使用などについても法的な検討が不可欠です。

## 探究学習と総合型選抜の進展

探究学習とは、正解が一つに決まっていない問いを立てて、その解決に向けて情報を収集・整理・分析したり、周囲の人と意見交換・協働したりしながら進めていく学習活動を指し、文部科学省による新学習指導要領では、「主体的・対話的で深い学びの実現に向けた授業改善」という文言で探究的な学習の重要性に触れています。

小中学校では「総合的学習の時間」に位置付けられています。高校では「総合的探究の時間」に加えて、「古典探究」や「地理探究」「日本史探究」「世界史探究」「理数探究基礎」「理数探究」など、「探究」のついた科目が七つも新設されたのには、正直、驚きました。

探究は、ＡＯ入試と言われる大学の総合型選抜の普及とも相まって、進学実績を重視する立場からも、注目度が高まっています。年を追うごとに、ペーパーテストによる「一般入試」で受験する生徒の割合は下がり、学校推薦、自己推薦など、大学それぞれのアドミッション・ポリシーに基づき、入試の形態が多様化しています。

京都市立堀川高校が、校舎建て替えと同時に「探究科」を設立したのは一九九九年。その一期生が卒業した二〇〇二年に、国公立大学への現役合格者数を前年の六人から一〇六人に増やし「堀川の奇跡」として注目されました。その立役者である荒瀬克己元校長は、我が国における探究学習のパイオニアですが、現在、独立行政法人教職員支援機構（NITS）理事長として、教員免許の更新制度が廃止された後の、教員研修の中核を担う立場にいらっしゃいます。

探究学習については、私立でも、札幌新陽高校や青翔開智高校（鳥取市）、自由の森学園（埼玉県飯能市）、かえつ有明高校（東京都江東区）、三田国際学園高校（東京都世田谷区）、ドルトン東京学園（東京都調布市）などが、探究的な学びやPBL（プロジェクト・ベースド・ラーニング）で成果をあげています。学びが、学校の壁の内側で閉じたものではなく、社会との関わりの中で進み、社会に影響を与えるものであると、学習の意義が体感でき、モチベーションが高まります。

塾業界でも、従来型の受験指導・補修指導の教科学習ではなく、探究学習を推進する探究学舎(東京都三鷹市)、知窓学舎(横浜市)などが、メディアでも取り上げられるようになりました。「意識の高い」保護者ほど、受験型の塾・予備校ではなく、よりイノベーティブでクリエイティブなプログラムを選ぶ傾向があります。公立の学校にも、この波が広がってほしいと願っています。

探究学習の広がりは、教師に求められる資質とスキルの変容も余儀なくしていくことになるでしょう。探究学舎創設者の宝槻泰伸氏は「子どもの学ぶ心に火をつける」を旗印に、「興味開発」を提唱していますが、スマホ一台で時代の最先端の学びができる時代、学ぼうというモチベーションを高めることが教育者の重要な役割になっていくものと思われます。教師自身がわからないことがあるのは当然で、子どもたちと一緒に学びを楽しむ姿勢が問われるのです。

## ●――リカレント、リスキリング

二〇二二年秋の臨時国会で、岸田文雄首相は所信表明演説の中で、成長分野への労働移動を促す「リスキリング（学び直し）」支援に五年で一兆円を投じる計画を打ち出しました。「賃上げ、労働移動の円滑化、人への投資という三つの課題の一体的改革に取り組む」としています。政府のトップがこういう形で、大人への教育投資を宣言したことの意義は大きく、歓迎したいと思います。

リカレント教育という言葉は、一九七〇年に経済協力開発機構（ＯＥＣＤ）が公式に採用し、一九七三年に「リカレント教育－生涯学習のための戦略－」という報告書が公表されたことで認知されました。最終学歴を獲得し企業などに就職した後に、教育・訓練を受けるという意味合いで用いられてきました。

ところが、このリカレントという言葉、アメリカなどではあまり使われていません。それは、社会人になっても、さまざまな学びを続けるのは当然のことで、政府がことさらに叫ぶようなことではない、という認識を多くの人が持っているからです。

日本の大学・大学院には「社会人入学」「社会人枠」が設けられている場合が増えていますが、アメリカではこれに相当する概念がありません。adult learner/adult studentという言葉はあっても、そもそも、「一八歳でみんな一斉に大学生になる」という固定観念が存在しないからです。

また、近年は、リスキリングという言葉をよく耳にするようになりました。英語のスペルでは「Re-Skilling」と表記します。これも、学び続けるという観点から言うと望ましいこととはいえ、私が提唱する広い学習観からすると、かなり狭い概念という印象です。

というのも、一般的な学習の定義は、「知識、技能、態度」を三本柱とし、ここに、情緒や感性、創造性、人間的成長など、さまざまな要素が含まれるのですが、これに対し、re-skillという英語の動詞は明らかに「スキル（技能）」に焦点を当てた言葉だからです。「知識、技能、態度」の中の技能の部分だけです。

さらに、現在、この言葉が使われるのは、ほとんどの場合、プログラミングやIT系のスキルに特化した文脈においてです。コミュニケーションやコーチングなどの「ソフトスキル」「ヒューマンスキル」はあまり重視されていない印象です。

「リスキリング」が重要なのは間違いありませんが、より広い概念が必要だと考えています。

さらに言えば、リスキリングは、企業による企業のためのものであるという色彩が強いことも忘れてはいけないでしょう。技術革新に伴い、DX化やAI化で求められるスキルを獲得することを雇用継続の前提条件に、企業が新たに事業戦略に必要なスキルを、既存の従業員に就業時間中に提供することを指す場合が多いのが現状です。

個人的には、一人ひとりが、リスキリングを自らが最新学習歴をアップデートするチャンスとしてとらえ、現在から将来に向けてキャリア開発の選択肢を増やすために活かす発想を持ってほしいと願っています。

## 学び直し

「学び直し」という言葉に対しても違和感があります。何歳からでも、何度でも学べる機会が増えるのは素晴らしいことで、大歓迎です。

しかし「学び直し」という語の背景には、「学び直さなければならない」という強迫観念があり、さらに、これまでの学びだけでは不十分だという評価があると感じます。

語源的に考えると、「直す」のは、何らかの故障や欠陥、病気が発生した場合です。「やり直す」のは、仕事や作品の仕上がりが合格基準を満たしておらず不十分な場合です。「焼き直す」に至っては、素材の確保が難しい状況で、仕方なく過去のもの（食べ物、原稿など）をもう一度加工するけれど、再度できあがったものは、最初のクオリティよりも劣化した水準に留まる、というニュアンスを含みます。

社会の変化が急速なので、時代に合わせて学び続けることは必要です。しかし、過去の学びを否定したり、不十分なものだと決めつけるべきではありません。むしろ、そこまで学んできた知識、技能、態度、努力などは是として肯定した上で、次なる学びに着手するほうが建設的ではないでしょうか？

そこで、後述するように、**自分の人生の中で、自分に合った形で最新学習歴を更新し**

**ていこう、**というのが私の提案です。とはいえ、政府も大人の学びに注目するようになったのは大きな進歩なので、この動きがさらに進んでいってほしいものだと思います。

## 最終学歴の限界

先に、最終学歴も重要だと申し上げましたが、その相対的な重要性は年々低下していると言わざるを得ません。

最終学歴が保証する能力が、実際、当人に身についているのであれば、就職や昇進、処遇などの際に、これを判断基準の一つにすることは合理性があります。卒業まで学業を投げ出さずに、やり遂げたという努力もまた評価されてしかるべきでしょう。

しかし、実際には試験対策やレポート執筆などの「要領のよさ」がかなり影響していて、単位は充足した、卒業証書や学位は獲得したと言っても、その資格・学位に見合った実力が備わっているかは大いに疑問です。「分数の計算ができない大学生」が揶揄されることがありますが、高校の教科書に書かれた知識を正確に持っている人は滅多にいません。

中学校、いや、小学校の教科書の内容でも、怪しいものです。

そして、AIと共存する社会では、こうした知識が必ずしも求められなくなるという傾向もあります。たとえば、小学校卒業までに一〇二六字の教育漢字、中学卒業までに二一三六字の常用漢字の読み書き能力が本当に必要なのかは、検討すべきテーマですね。

この本もワープロソフトで書いているわけですが、手書きしかなかった時代とは、人間に求められる能力が明らかに変化していると感じます。この本の読者も、手書きで漢字を書く頻度は、年を追うごとに低下しているのではないでしょうか？

筆や鉛筆で、「とめ」「はね」などが正確にできているか、正しいとされる書き順で漢字が書けるかなどを、すべての子どもたちに要求する合理性はもはやありません。

また、最終学歴の獲得には、本人の資質や努力以外の要素も大きく影響します。アメリカなどでは、私立学校の学費が高いため、恵まれた家庭の子どもが高学歴を獲得する一方、所得の低い家庭では高学歴を獲得することが難しいと言われてきました。過去五〇年の傾向を見ると、日本もそのパターンになっています。

そもそも大学に入学するまでの経済的なハードルが高くなってきました。

一九七一年まで国立大学の授業料は年額一万二〇〇〇円に据え置かれていました。それが一九七二年に一気に三倍の三万六〇〇〇円に、一九七六年に九万六〇〇〇円、私が入学した一九七八年に一四万四〇〇〇円、二〇〇六年からは五三万五八〇〇円になりました。それぞれの時代の物価水準を考慮に入れても、私立大学との差は小さくなり、国公立大学の授業料は安い、とは必ずしも言えなくなりました。

かつては、貧しい家庭の子どもも一生懸命勉強すれば、学費の安い国立大学に進み、給料のよい仕事に就くことができ、親より

図2

大学授業料の上昇(東京都区部、年間、円)

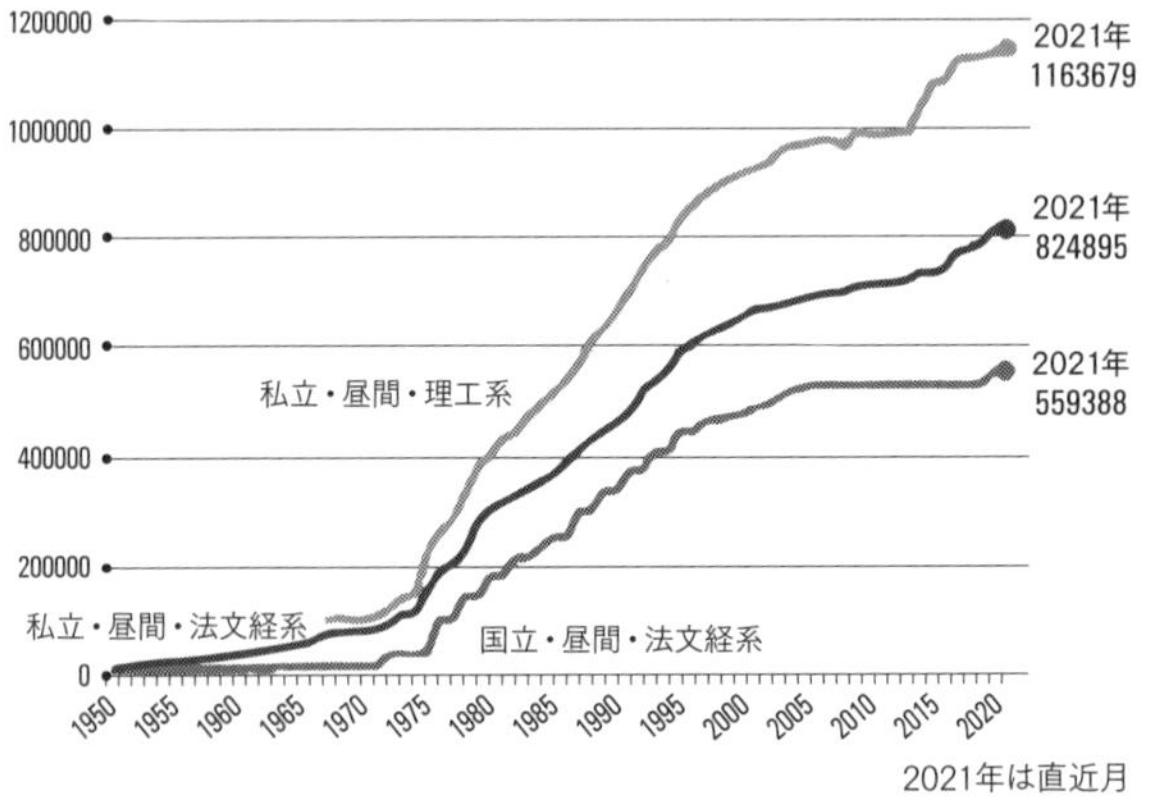


2021年は直近月
大阪大学 平岡泰 招へい教授作成
https://twitter.com/HiraokaYasushi/status/1780962956051902851

も高い社会階層に所属することができるという「立身出世」のシナリオが存在しましたが、それが崩れてきているのです。

東京大学の学生の親の所得が、早稲田や慶應の親の所得と同じか、それよりも高くなって、社会階層の固定化が進み、社会学者で中央大学教授の山田昌弘氏が「希望格差社会」と呼ぶ状況が生まれています。今後、給付型奨学金の拡充も必要ですし、学費の安い通信制大学、通信制大学院の卒業生が活躍する状況にも期待したいと思います。

しかも、特定の学校を卒業した経歴が過大評価されすぎという傾向も大いに疑問です。私には、現在の東京大学法学部が、まさにその前身である徳川幕府の昌平坂学問所に見えてなりません。幕末から明治維新にかけて、欧米列強に対抗するために、蘭学や近代的な工業技術、経済学、軍事学などを学ぶ必要があったのに、幕閣トップの老中、若年寄などの家柄の子弟は、神君家康公以来の伝統ある朱子学を学び続けていました。

職務遂行に必要な能力を備えていないリーダーが国の舵取りをするのはあまりにも危険なので、ペリー来航以降、ようやく小栗上野介忠順、勝海舟など、譜代大名ではなく旗本の家柄の武士を重要ポストに登用することになりますが、極めて例外的でした。

同様に、現在の政権の中枢が、東大法学部などの文系学部出身者に占められている事態が憂慮されます。ＩＴやＡＩなどの情報通信技術、データサイエンス、科学技術の素養が求められる時代に、閣僚や官僚の資質の見直し、人材登用の在り方の多様化が急務です。

さらに言えば、最終学歴と幸福（＝ウェル・ビーイング）の相関関係も弱くなっているようです。

神戸大学の西村和雄特命教授と同志社大学経済学研究科の八木匡教授が、全国の二〇歳以上七〇歳未満の男女を対象に行った「生活環境と幸福感に関するインターネット調査」（二〇一八年二月八日〜二月一三日）は、所得・学歴・自己決定・健康・人間関係の五つについて幸福感と相関するかについて分析を行いました。

この調査によると、幸福感に与える影響力が最も大きかったのは、学歴ではなく、健康でした。その後、人間関係、自己決定が続き、所得や学歴はそれらを下回りました。学歴が幸福感に与える影響に至っては、有意差が出ませんでした。

さらに、最終学歴が高いことよりも、自分の意志で人生の進路を決定したかどうかが幸福度に直結するという調査結果もあります。

「生活と職場での満足感と行動変容能力—日本における実証研究」
（独立行政法人経済産業研究所　西村和雄・八木匡）
https://www.rieti.go.jp/jp/publications/summary/20020001.html

欧米の調査でも、同様の結果が出ています。学歴が高かったからと言って、必ずしも幸せになれるとは限らないという、ある意味、当然の結論です。しかし、学歴が低いと不安だという気持ちを手放せない人が多いのも現状で、かくして「教育産業」は、子を持つ親の不安を煽るメッセージを流し続けているのです。

本書の目的は、「勉強しなければ」という不安感ではなく、「学ぶことの楽しさ、素晴らしさ」を社会に広めていくところにあります。

人生一〇〇年学習社会に必要なインフラは整ってきています。あと必要なのは、私たち自身が、古い教育観から脱却して新しい「学習観」に立つことなのです。

# 年齢は言い訳にならない

もう、年齢が年齢だから今さら学習なんて、とおっしゃる方に。

人生一〇〇年、と聞いても、この本の読者のほとんどは、まだそこまで生きた経験はないはず。いまいち、ピンと来ない、実感が湧かないという方もいらっしゃるでしょう。そこで、提案です。

「人生一〇〇年を一日二四時間に換算してみましょう！」

さて、あなたは今、何時でしょうか？

| | | | | |
|---|---|---|---|---|
| 15歳　3時36分 | 20歳　4時48分 | 25歳　6時 | 30歳　7時12分 | 35歳　8時24分 |
| 40歳　9時36分 | 45歳　10時48分 | 50歳　12時 | 55歳　13時12分 | 60歳　14時24分 |
| 65歳　15時36分 | 70歳　16時48分 | 75歳　18時 | 80歳　19時12分 | |

今、五〇歳の方がちょうどお昼の一二時、ランチタイム。それよりも若い方は、まだ「午前中」ということになります。

還暦の六〇歳は午後二時二四分です。まだこれからおやつを食べて、午後から夕方の仕事にとりかかるタイミングではないでしょうか？

後期高齢者と呼ばれる七五歳が、夕方の午後六時です。まだ職場で残業する人もいるでしょうし、ここから街に繰り出して盛り上がろうという方も多いはず。

逆に、多くの日本人の最終学歴は二五歳までに終わるわけですが、これは朝六時です。学習と食事は、非常に近い関係にあります。夜明け前に朝ごはんを食べただけで、その後、ランチもおやつも晩御飯も食べなかったとしたら、どこかでお腹が空いて、エネルギー切れを起こすのは確実。最新学習歴の更新（＝栄養補給）を行うことの大切さをご理解いただけたのではないでしょうか？

さて、あなたは今、何時？

# 第一章◉「教わる」から「学ぶ」へ

## 学校で「勉強」をする意味を感じにくい時代

「よい大学に入ればよい就職ができて、生涯賃金は高くなり、幸福な一生を送ることができる」

そんな見通しがある程度の説得力を持っていた頃、「受験戦争に勝つ」という目的は明確な意味と合理性を持っていました。教師・親・子どもが、それぞれモチベーションを高めて受験に挑むという構図が、「それなりに」機能していた時代でした。

しかし現在はどうでしょう。

いわゆるよい大学を出ても、初任給はあまり高いとは言えず、その後の昇進、昇格、昇給も不透明です。正規雇用を目指しても、契約社員、派遣社員としての採用など、「非正規雇用」になる場合も多く、仮に、希望する企業に就職できたとしても終身雇用は保証されません。苦労して受験勉強をしても、見返りは必ずしも大きくないのが現実です。

現在は、昔に比べて、必死に受験勉強をする意味・意義を感じづらい時代になっているのです。

ところが今でも教師や親は、「勉強しろ」と言い続けます。
あなたが親であれば、我が子にそんな言葉をかけたことが一度ならずあるはずです。そして、「どうして勉強なんかしなくてはいけないの？」という問いにも、「よくわからないけれど、しないよりはしたほうがいいし、どうせならよい大学に行っておいたほうがいいだろう」といった程度の消極的な理由しか提示できなかったりしているのではないでしょうか。

親世代の頭の中には、下の図3のような「正社員採用→終身雇用」のイメージが残っている場合があり、この二二歳の就職戦

図3
正社員採用→終身雇用

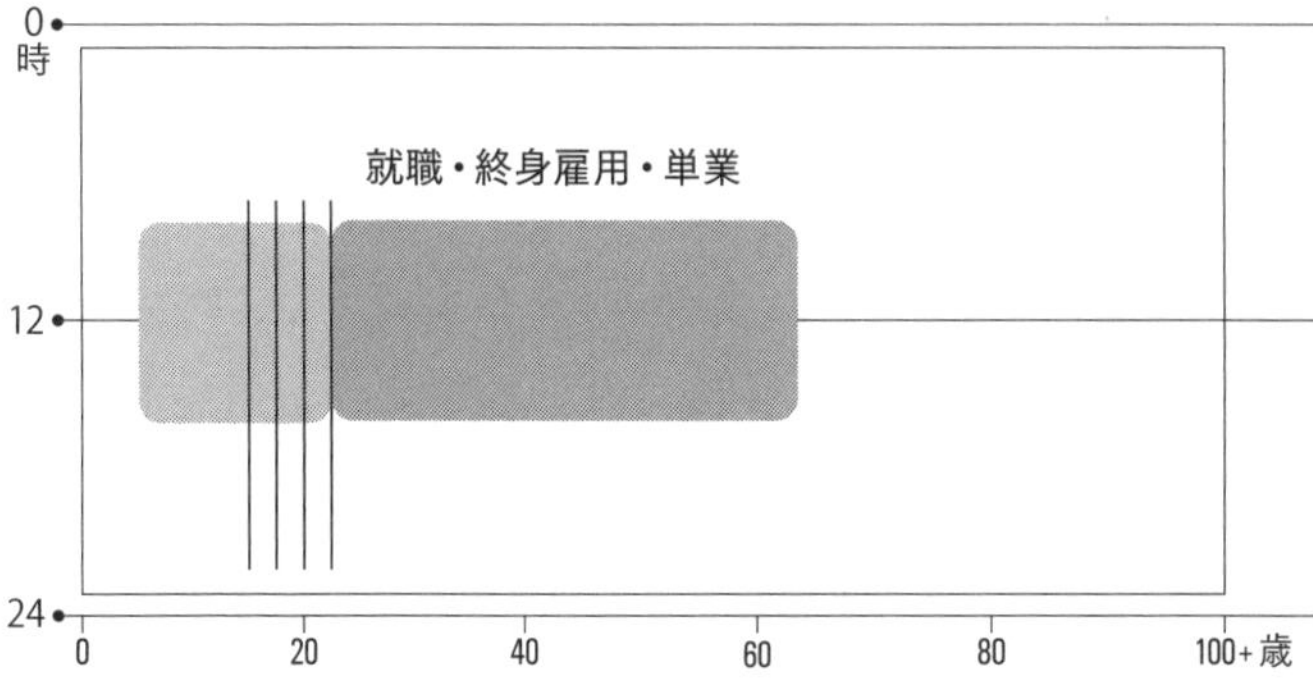

線で有利になるように、一八歳の大学受験が大切、そして、一五歳の高校受験が大切と我が子にプレッシャーをかけ続けることになります。

自分の人生の見通しを持たず、学ぶ理由がよくわからないまま、多くの人が大学を受験します。幸か不幸か、少子化によって受験戦争は昔ほどの競争率ではなくなり、多くの高校生は、さしたる試練も経ないまま大学の門をくぐることができます。半数以上の私立大学は定数割れしているのですから、かなり名の通った大学でも、親世代のイメージとは比べものにならないくらい容易に入学できるのです。

そして、二年生から、早い人は一年生の頃から就職活動に忙殺され、内定を得たあとに学業に戻ることなく社会へ巣立っていく。そんな学生が量産されていきます。

高卒で就職する場合には、高校の進路指導教員が地域の企業と関係を築いている場合が多いので、生徒本人の希望があまり顧慮されないケースも多々あります。その結果、せっかく就職したのに、長続きせず、数年から数カ月で退職する割合がかなり高くなります。しかし、高校としてはそんなことは気にしません。「就職実績」をつくったところまでで責任を果たしたのですから。

今後は、仕事（本業、副業、複業）や趣味やボランティア活動、家事、子育て、介護、看取りなど、「人生のさまざまな構成要素がもたらす相乗効果を最大化するようにキャリアを開発すること」が求められていくでしょう。そして、学校だけでなく、さまざまな場所で、多様な形で大人が学び続ける「クロスオーバーキャリア」の発想が広まっていくことでしょう（82〜86ページ参照）。

## 合理性の期限切れ

日本の教育システムは、長い時間をかけて、「合理的で有意義な制度」→「それなりに意味がある制度」→「時代に合わない、非合理的な制度」へと変貌してきました。私たちは、今、その長い衰亡の数十年間に身を置いている、と言えます。

「合理的で有意義」だったのは、このシステムが発足した明治時代の頃。初代文部大臣・森有礼が一八八六年にフランスの学校制度を参考にして学校令を敷いたのが、我が国における学校制度の始まりです。

当時は、西欧列強に追いつけ追い越せの時代でした。富国強兵を目指す日本政府は、軍人・技術者・医師・高級官僚など、軍備とインフラの増強をリードする人材を早急に育てる必要にかられていました。膨大な知識をとにかく詰め込む、という日本の教育スタイルは、その先進国にキャッチアップすることが最重要課題だった「発展途上国・日本」のニーズから生まれたものなのです。

それはとりもなおさず、「権威・権力に従う者」を生産する教育でもありました。そもそも日本の教育の原点は、民主主義の担い手を養成することを目的としたものではなかったのです。陸軍士官学校、海軍兵学校はもちろん、官僚養成を目指した帝国大学や教師を養成する師範学校も、上意下達の仕組みで運営されていました。

第二次大戦後、民主主義へと衣替えした日本では、教育の民主化の方針も打ち出されました。一九四八年に当時の文部省が発行した「民主主義」(角川ソフィア文庫)は、新憲法の施行を受けて当代の経済学者や法学者を集め、中高生向けに編纂された教科書です。ここには、民主主義の根本精神と仕組み、歴史や各国の制度が平易に紹介され、戦後日本が歩むべき道が、希望をもって語られていました。私自身、ごく最近までこの本の存在を知らず、まさに驚愕しました。

しかし、六・三・三・四制の教育制度が始まったものの、学校現場の底流にある思想、教師と生徒との関係性は変わりませんでした。おとなしく行儀よく授業を受け、教師に対して従順にふるまう子（＝「よい子」）を育てる、という方式が、そのまま踏襲されることとなりました。朝鮮戦争を契機に国が「逆コース」を歩み始めると、文部省も元の路線に戻り始めます。

四角い教室に教卓と黒板が設置され、机が同じ一つの方向を向いている。教師が数十人の生徒に向かって一方的に語る。子どもたちは、一斉に同じ授業を座って聞く……。そこに、生徒一人ひとりの意思が入る余地はほとんどありません。工場の大量生産方式と軌を同じくする、教室モデルの教育方法が疑われることなく、採用され続けました。

授業は黙って聞かなくてはならない、ノートはきちんととらなくてはならない、発言は（発言しろと言われたときだけ）積極的に行わなくてはならない……。この「〜ねばならない」が、学校を憂鬱な場にする原因となります。

国家単位で国の発展を目指していた明治時代は、学ぶことを「つまらない」などと言っている余裕はありませんでした。学歴信仰と出世志向がまだ生きていた数十年前は、「つまらなくても、ここを耐えればあとでいいことがある」と思えました。それが、大正、昭和とずっと、太平洋戦争を挟んで、一〇〇年以上続いていたのです。

実際に、昭和の高度経済成長の時代には、「今日よりも明日は明るい」という現実が多くの人に当てはまりました。今の政権や大企業の高学歴の重鎮たちが青春時代を過ごしたのは、そういう時代でした。しかし、バブルが弾け、そうした望みもあやふやになってくると、学校はもはや「つまらない」だけの苦痛な場となってしまいました。

そして、二〇〇〇年代に入ってからは、教育再生会議、教育再生実行会議などが、「道徳の教科化」など、さらに復古的な提言をまとめ、教育現場に影響を与えていきます。

小学校六年生の道徳の教科書に採られていた「星野君の二塁打」はその象徴として、よく取り上げられていますが（大会出場をかけた野球の試合でバントを命じられた少年が、監督の教師の指示に従わずにヒットを打ってチームを勝利に導く。しかし、後日少年は監督から指示に背《そむ》いたことをとがめられ当面の謹慎（試合出場禁止）を言い渡される、という内容で、一九五三年から二〇二三年まで、道徳の教科書の定番だった）、個々の自主性よりも上位者（この場合には監督）からの指示に従うべき、という価値観を正解として教え込むことには、衝撃を覚えました。令和六年度からは、この話が教科書からなくなる、という報に接して、少し胸を撫で下ろしています。

「ものづくり」は、画一的な製品の大量生産から「多品種少量生産」へと移行しつつありますが、学校教育はまだ、ティーチング中心のベルトコンベアー的発想から抜けていない場合があります。個々の可能性を引き出す「アクティブ・ラーニング＋ファシリテーション＋コーチング」のような教育機関が増殖していくことを願うばかりです。

## 「教育」ではなく「学習」を積み重ねていこう

「教育」と「学習」という概念は、世間一般ではあまり区別されていません。実際、学校現場では教育も学習も行われていて、それらが重なり合う部分も多くあります。

しかしその本質は、正反対と言ってもいい方向性を持っています。

すなわち、

**教育は、個人の外側から内側への働きかけ**
**学習は、個人の内側から外側への働きかけ**

なのです。

学習しようという意欲は、すべての人の中に存在するものです。それは教育を受けたい、という意欲よりもさらに深い根源的なもの。本能に近い、内側から人を突き動かす力と言えます。

近年、「アクティブ・ラーニング」が注目を集

図4
教育と学習の違い

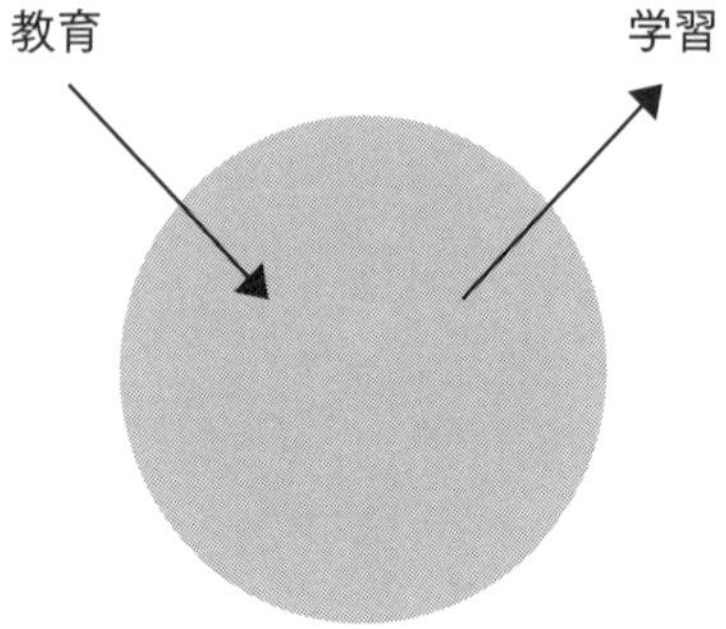

めていますが、人間は本来、アクティブ・ラーナー(Active Learner)だったということに気づくことこそが、その趣旨だと言えましょう。

幼児は、外界のありとあらゆるものに興味を示します。それがおもちゃだろうと食べ物だろうと、手で触り、口にして、それが何かを知ろうとします。それは、誰かに「そうしろ」と言われて、そうするわけではありません。むしろ親は、子どもが危ないことをしないよう、しょっちゅう注意していなくてはいけないほどです。

外界への興味・関心は、ほとんど「本能的」と言ってもよいほど、人間に深く組み込まれた欲求なのです。

この無限の探究心こそが、学習の原点です。

これまで、教育がほとんど視野に入れることのなかった、内からあふれ出るパワーを、いかに発揮させていくかが、学習の鍵なのです。

そのために、私が一九九二年以来、新しい学問分野として提唱しているのが、「学習学」です。教育者が教育の立場から研究する「教育学」ではなく、学習者の視点に立って、学びという現象を解明していく学問です。

これまでの学校や社会の常識を抜本的に見直し、学ぶ側の意志と自由を拡張し、学ぶ力を引き出すこと。**学校制度をも越えた学びの体系をつくり出す**こと——これが「学習学」の目的です。

学校教育の制度や運用は、端的に言えば、教える側の都合、教える側の発想でつくられているシステムです。「教室・教壇・教卓・教科・教科書」などの用語は、教える側中心の世界観に立っています。今の子どもたち、そして、学校教育を受けたほとんどの日本人はその影響を受けています。呪縛にとらわれていると言ってもよいかもしれません。

ですから「アクティブ・ラーニング」の広がりは大歓迎なのですが、「アクティブ・ラーナーにする」という表現は本末転倒でしょう。本来、生まれながらにアクティブ・ラーナーだった私たちが、学校教育によって、その度合いを下げられてしまうケースはよく見受けられます。「学習学」とはいわば、その「下がってしまったアクティブ・ラーナー度」を回復する取り組みだとも言えましょう。

| | ▼古い教育観 | ▼これからの学習観 |
|---|---|---|
| Who | 先生中心 | 学習者中心 |
| When | 就学年齢<br>（一部生涯教育もあり） | 一生涯<br>（生まれてから死ぬまでのすべての瞬間） |
| Where | 学校、教室 | すべての場所 |
| What | 教科中心 | すべてのこと |
| With What | 紙の教科書 | いろいろなもの |
| With Whom | 先生と同級生 | いろいろな人と、あるいは一人で |
| How | 教科方式集合学習 | いろいろな方法で |
| How Good | 試験で評価<br>正解は一つ<br>学生の学習目標<br>ニーズは共通 | 内面的成長<br>正解は無数<br>多様性が前提<br>ニーズはさまざま |

## ◉――学習学とは

「学習学」とは、人間にとって最も基本的な行為である**「広い意味での学習」について、学習者の立場に立って、体系的に研究する科学**です。

ここで重要なのは「広い意味での学習」というキーワードです。

通常、抱かれている学習のイメージ、つまり私たちが、学校や塾などで教わる知識を理解して自分の中に蓄えていくという一連の作業は、「狭い意味の学習」です。「学習」と聞いた瞬間に、学校の教室に黒板があり、先生が黒板を背に子どもたちと向かい合うイメージが浮かぶ人も多いかと思いますが、それが狭い意味の学習です。

それに対し、人が「これはなんだろう?」「どうしてこうなるの?」と外界すべてに対して興味・関心を持ち、それを理解していく営み、赤ちゃんのときから始まる、外界を認識しようとする行為、それらすべてが、「広い意味での学習」の一部です。

人間は生きている間、絶えず、外界にあるものを五感で受け取っています。そして、未知のもの、不可解なものについては「落ち着かなさ」を覚えます。それがまさに、人間が「理解したい」という欲求を持っていることの証です。

つまり**人間は、学習することを本能的に欲する動物**なのです。

「学習学」では、自分自身を見つめ自分を理解しようとし、他者・相手を理解しようと思い、社会の中で相手と自分の間の関係をどのように結んでいくのかを考え、行動する、その結果として、見方やとらえ方が変わっていく「自己変容」を含む学習をも、視野に入れています。

## 「教育システム改革」より大事なこと

教育について語るとき、人はたいていさまざまな問題点をあげつらい、「今の教育制度が悪い」と語り、「制度やシステムを変えていかなくてはいけない」と訴えます。かく言う私自身も、一九九〇年代から日本の教育問題に注目し、中央教育審議会や教育委員会の在り方、教育基本法や大学設置基準など、制度改革からのアプローチに基づいて、政策研究や提言を試みてきました。

しかし、制度を変える前に、もっと重要な論点があることに気づきました。

日本の教育、特に初等教育は、いろいろと問題点が指摘されているものの、学力の基礎固めという意味では役に立っている部分も多くあります。うまくいっている部分、うまくいっていない部分を細かく検証することなしに、とにかく変革ありき、というスタンスで乱暴に「改革」を続けてきた結果、混迷がさらに深まっている、というのが現状なのです。

小学校では、従来型の教科学習の上に、総合学習の時間が加わり、外国語活動の時間(主に英語)が追加され、五、六年生では教科化されました。道徳も教科化され、プログラミング、食育、探究、そして最近では金融教育まで取りざたされています。すでにあるものを削ることなく、ひたすら追加される「アドオン(add-on)方式」と私は呼んでいます。

その結果「教科どんぶり」の上にうず高くトッピングが積み重なり、その下で長時間労働にあえぐ教師が押しつぶされそうになっているのが実情です。

とくに小中学校は文部科学省だけでなく、保護者や地域社会の影響が大きいため、書類の上で制度を変更したとしても、多くの人々の思考や行動のパターンからなる「実態」はほとんど変わりません。「探究やプログラミングも結構だが、ちゃんと受験指導やってくださいね」という要望が職員室（なぜか教員室とは呼ばない）には多数寄せられます。

ここで必要なのが、制度論を越えた発想の転換です。

制度改革よりも先に、やることがある。その部分が変わって初めて、制度改革も可能となります。それは何かと言ったら、**私たちの学びに対する認識の改革**。つまり、私たち自身が「学び」というものに対する考え方を大胆に変えることです。

「教育は外からの働きかけであり、学習は内からの働きかけである」と述べました。教育システムがどんなに改革されても、「外から与えられるもの」であることに変わりはありません。その構図を打破するには、まず私たちが、教育的発想から学習的発想へと転換を遂げ、**学ぶ側＝学習者を主役として考える**ことが必要なのです。educationという言葉のもともとのルーツは、「引き出す」というラテン語の動詞でした。「内から外へ」のベクトルを側面的にサポートするのが、教育者の役割なのです。

**すべての人が「学びたい」という欲求を内面に持っている学習者です。**

まずそのことに、一人ひとりが気づくのが第一歩です。

自分の中に本来あるはずの「学びたい」という欲求を見つめ直し、それが、あらゆる方向に向かっていることを確認すること。そして、自分らしく学びを楽しむ道を歩み出すこと。そうやって、何歳からでも、自分らしさを開花させる生き方を自ら選んでいってほしい。それが、本書に託した私のビジョンです。

column 2

## パラレルキャリアとクロスオーバーキャリア

一九八〇年代のアメリカ社会では、仕事から引退した後の人生をどう送るか、ということが一つの社会テーマでした。中流層は貯蓄や投資を行い、うまくいけば、フロリダや南カリフォルニアといった温暖な地に移住して悠々自適たる引退後の生活を送るのが理想とされたわけです。

しかし、仕事人生から引退後の人生へのシフトは決してスムーズに進むとは限りません。そこで、フルタイムの仕事をしている間に、人生八〇年を展望して、年金収入を補う副業（サイドビジネス）を始めたり、生きがいを創出するために趣味に磨きをかけたり、地域のボランティア、NPO活動に取り組んだりしたのです。中には、大学や大学院に入学して、大人になってからの学びを楽しむ人もいました。

このようなキャリア開発の在り方を、経営学の父と呼ばれるピーター・ドラッカーは「パラレルキャリア」と呼びました。日本では『明日を支配するもの』（ダイヤモンド社）で紹介された概念です。

こうした形で、老後に備えるのは、実に賢明な準備であり、さすが、ドラッカー博士だと尊敬するのですが、「パラレル」という概念は、幾何学で「平行」を意味します。そして、平行線は交わらない、というのがユークリッド幾何学の公理なのです。しかし、実際には、サイドビジネスで身につけたスキルが本業に役立つ場合も

図5

アメリカ社会でもこんなモデルだった

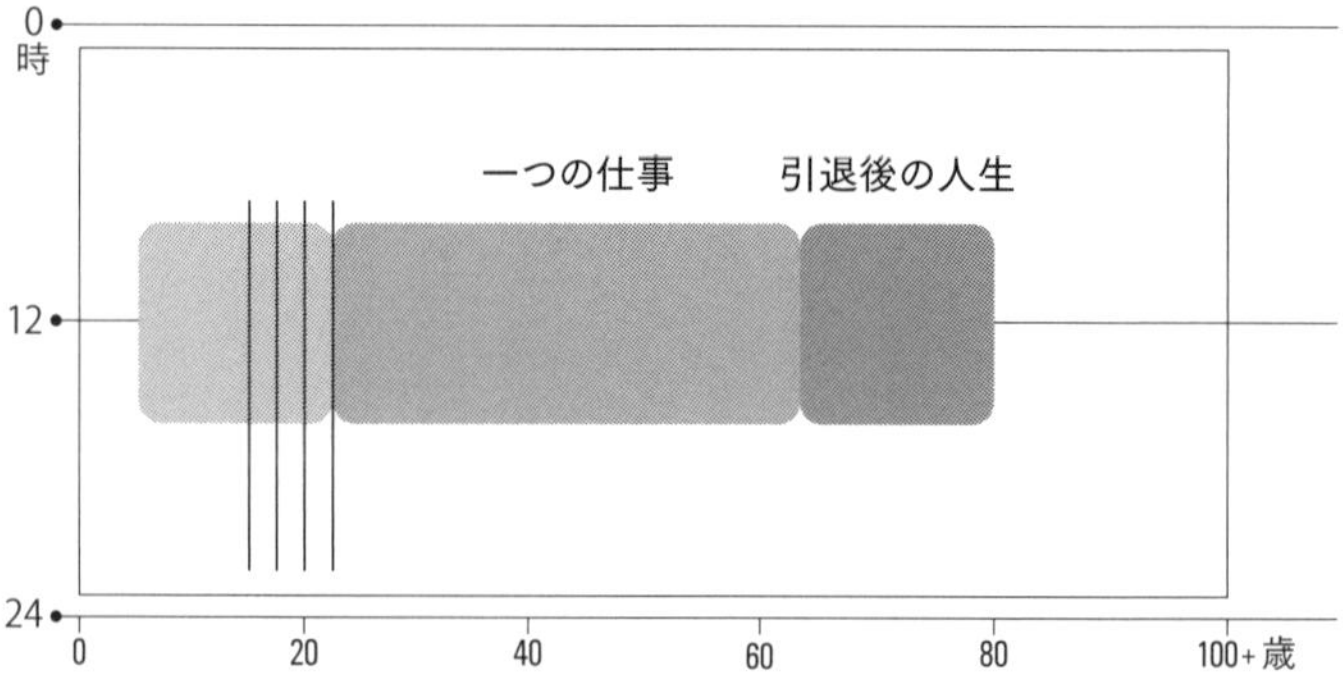


図6

パラレルキャリア　by ピーター・ドラッカー

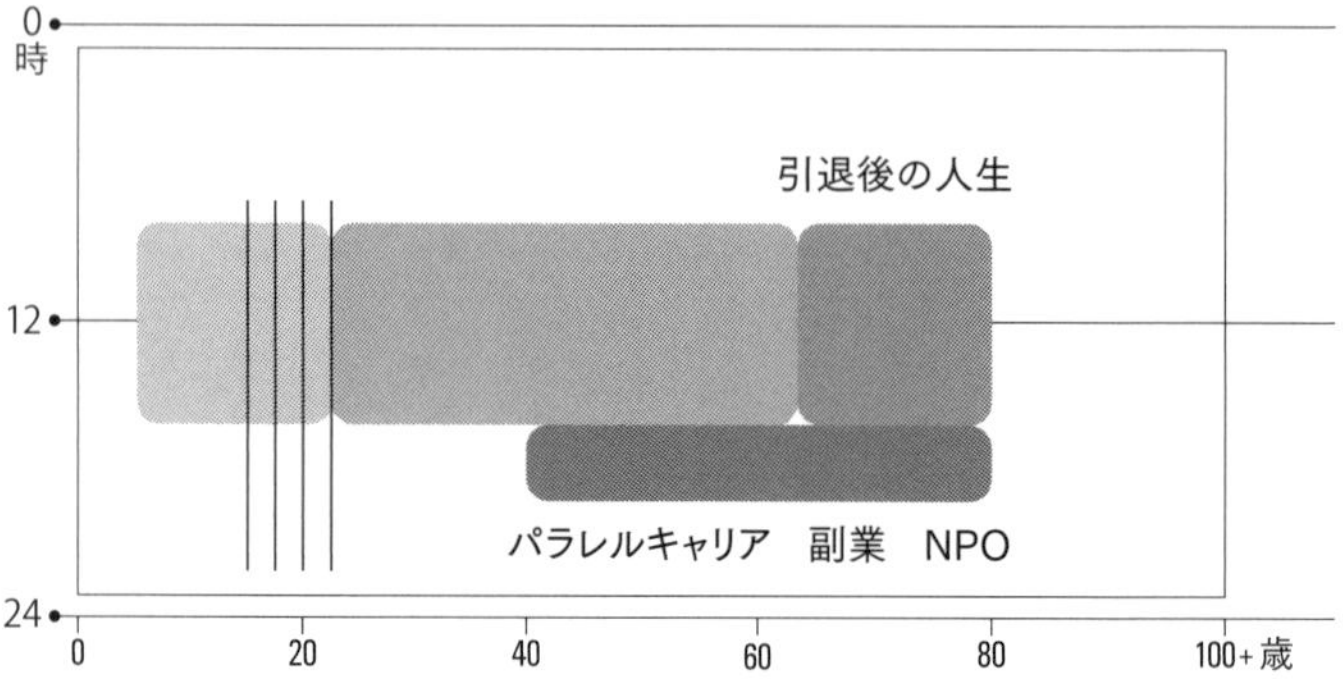

あれば、趣味で出会った人が顧客になったり、ボランティア活動の仲間と共通の趣味を深めたり、といった形で、複数の線は交差していくと考えられます。

そこで私は「クロスオーバーキャリア」という概念を提案し、二〇二二年に一般社団法人クロスオーバーキャリア（慶野英里名理事長）を設立しました。

クロスオーバーキャリアとは、「人生のさまざまな構成要素がもたらす相乗効果を最大化するようにキャリアを開発する発想と方法」を指します。

ここで、人生の構成要素とは、

仕事（本業、副業、複業）
社会人としての学び
趣味、NPO、ボランティア活動
転勤、異動、関係人口になる
家事、子育て、介護、看取り

などを指し、まさに後述するライフワイド・ラーニング（第七章）そのものなのです。

試しに、私自身のクロスオーバーキャリアの状況を図示すると、こんな感じになります。実際は、ここに書き込み切れないほど、さまざまな仕事を経験し、非営利活動にも取り組んできました。私の世代の日本人としては、かなり「クロスオーバー度」の高い生き方をしてきたと思います。

**図7**

本間正人のクロスオーバーキャリア

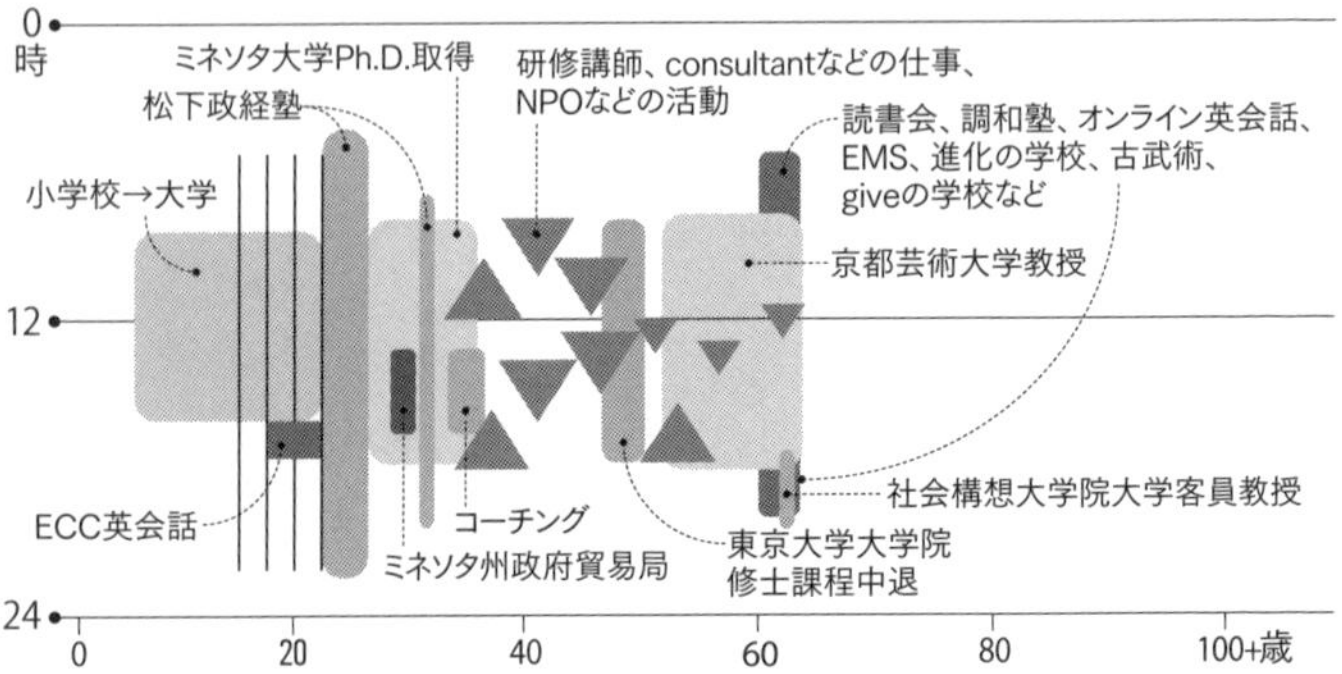

# 第二章◉「学習」を定義する

## 人間は学習する存在「ホモ・ディスケンス」である

これまで「教育」の枠に縛られてきた私たちは、つい「学習」の意味を小さくとらえがちです。その枠を取り外し、学習とはどのような姿勢、どのような考え方で行うものなのか、ということを、あらためて考えてみましょう。

学問の世界はこれまで、人間をさまざまな角度で定義しようとしてきました。たとえば経済学は、人間を「経済学的合理性に基づいて行動する動物（ホモ・エコノミクス）」と規定しています。もちろん、その側面が少なからずあることは否定しません。しかし、人間は経済的に割に合わないこともしばしば行います。無駄な衝動買いをした経験は、誰にでもあるでしょう。

モトが取れないとわかっているギャンブルにはまってしまう人があとを絶たないのもその証拠のひとつ。ギャンブルがビジネスとして成立するのは、構造的に「胴元」が儲かる仕組みになっているからなのですが、わかっていても、射幸心を煽られると、その罠にはまってしまうのです。

どうやら私たちは、経済的合理性への欲求よりも、それに反する行動をとりたいという欲求のほうが勝っているのではないか、とすら思えてきます。となると、ホモ・エコノミクスという定義は、完全なものとは言いがたい。

では、それよりももっと私たちを規定するにふさわしいものは何だろう？


そのことについて、ずっと考えてきました。そして思いました。生まれてからずっと「外界のもの、未知なものに対して全く興味がない」と思って生きてきた人がはたしているだろうか？　と。

実は人間だけでなく、すべての動物は、サバイバルのため、外界を認知し、それが何かを知ろうとするドライブ（欲求）を持っています。つまり、学習欲求です。


**「人間＝学習する動物」（ホモ・ディスケンス）。**


これこそが、人間を定義するにふさわしいものだと思います。

経済学的合理性への欲求よりも、学びへの欲求は、より根源的で、本質的なのです。

## ●──「学習」を人類の歴史から考える

この章では、「学習」をさまざまな切り口から見てみます。まずは歴史的考察。「学習」を人類の歴史から考えてみます。

私たち人類は、肉体的には最強ではありません。他の哺乳類と比べても、トラやライオン、ゾウなどにかないません。それなのに、なぜ私たちは地球上で最強の種になっているかといったら、**コミュニケーション能力と「学習力」**に長けているからです。

これが、私たち人類が持つ最大の強みであり、この地球上において最強の種になっているのはこの能力の存在ゆえのことです。

解剖学的にいうと私たちホモサピエンスに一番近いのはネアンデルタール人です。ネアンデルタール人とホモサピエンスは見た目にはほとんど変わりません。最近は、ホモサピエンスとネアンデルタール人の交雑の可能性も論じられています。

数年前に、ＮＨＫスペシャルで俳優の山崎努さんがネアンデルタール人風の顔にメイクアップして、渋谷のスクランブル交差点を歩く実験をしました。洋服を着替えれば人混みに溶け込んで、特に違和感はありませんでした。

ではなぜ、ホモサピエンスは生き延びることができ、ネアンデルタール人は絶滅したのでしょうか。

その理由は諸説ありますが、「ネアンデルタール人の喉はヒトよりもはるかに大きく、音が反響する空間が広かったため、現代のヒトほど明瞭に母音を発音することはできなかった」という説を、ユニヴァーシティ・カレッジ・ロンドンの解剖学研究者のサンドラ・マルテッリ氏は唱えています。そのため言語が発達せず、コミュニケーションを取る手段が限られていた、と。一方、私たちホモ・サピエンスの祖先は、言葉のベースになる母音を発音することが可能だったというのです。

つまり、**言葉を話せることが、種としての生存の鍵だった**のです。

狩猟・採集など食料を得る上で、コミュニケーションは欠かせません。集団が大きくなるほど意思疎通を図ることの重要性が増してきます。

両者は同じ時期に地球上に生息していました。氷河期が訪れ、北半球の食べ物がほとんどなくなってしまい、動物性タンパク質資源と言えばマンモスだけになってしまったときに、そのコミュニケーション能力の優劣が、種の存続を決定づけました。

小動物であれば、家族や小さな集団でも狩猟はできます。しかし、マンモスのような大きな動物となると、そうはいきません。たとえば、「よし、俺は右から誘い出す。お前は左から回り込んで、マンモスを仕留めようぜ」といった、言語コミュニケーションが不可欠だったのです。その結果、言語を持たないネアンデルタール人は滅び、言葉を話すホモサピエンスは生き残ったというわけなのです(だいぶ話を単純化していますがご容赦ください)。

### 個体からグループの学びへ

狩りの名人は、その技を自分の子に、そして部族の仲間に教えていきました。一人ひとりが学ぶだけでなく、チームとして技を磨き、一丸となって立ち向かう必要があったからです。木の実や果実を採集する達人も、熟した実のもぎ方や調理の仕方を若いメンバーに伝授していきます。

最近の研究では、蜂や蟻も言語を用いて、餌のありかや天敵の存在を他の個体に伝え、群れの生存を支えていると発見されていますが、脳の発達に伴い、人間の学習能力とコミュニケーション能力は桁違いに発展していきます。

そして「おばあさん仮説」によると、世代間の知識・技能の伝承には、生殖年齢を過ぎた後のおばあさんが大きな役割を果たしたとされています。他の哺乳類は閉経後の生存期間が短いのに対し、ヒトの女性はその後も長生きをして、若い女性たちに、食料の確保・加工・保存、そして、子育てのコツなど「おばあちゃんの知恵」を伝えたと言われているのです。

長老やシャーマン（呪術師）が、村の掟や部族の歴史を語り継ぐことも、重要なグループの学習でした。「あの山の向こうには魔物が住んでいる」といった言い伝えは、硫黄が吹き出す危険な火山地域を避ける地理情報の場合もあり、他の部族との緊張関係を示唆することもあったのでしょう。

弓矢や投石器などの武器を、ある部族が開発すると、物々交換によって、他の部族にその技術が伝わることもありました。門外不出の秘伝とされた技術もあれば、交易によって、部族間で技術移転が行われ、さらに発達していくこともありました。

そして、いよいよ文字が発明されると、前の世代が学んだことを、次の世代が効率よく修得できるようになります。エジプトのピラミッドやカンボジアのアンコールワットの壁画には、王国の歴史が刻まれています。天文学的観察から暦《こよみ》が発明され、長い歴史を持つことが王朝の正当性を証明する根拠となりました。

それでも読み書きの技法は、王族や貴族、聖職者など特別な人々に独占され、多くの一般庶民は文字に記された知識の恩恵は受けず、素朴な技能伝承を通じて生活に必要なスキルを学んでいました。東アジアでは、紙の発明は太古に遡りますが、手書きの書物や法典に接するのは、貴族や僧侶などに限られていました。

知識が一般の人々に広まった契機は、グーテンベルクの活版印刷術と紙の大量生産でした。ラテン語で書かれていたキリスト教の聖書が、ヨーロッパの国々のそれぞれの言葉に翻訳されたことで、文字を読める人口は拡大します。

そして、「学校」の誕生です。ギリシャのポリスには、プラトンのアカデメイアのような私塾はあったようですが、本格的な教育機関は、ボローニャ大学などの中世の大学が生まれてからのことで、その後、徐々に庶民に門戸が開かれていったのでしょう。

我が国では、九世紀、空海が開いた綜芸種智院が最古の学校と言われていますが、江戸時代、岡山藩主池田光政が設立した閑谷学校あたりから庶民が学校で学ぶ道が開け、その後、全国各地に寺子屋が生まれて、識字率が当時の世界最高水準に達したと言われています。そして、明治以降の学校制度の延長線上に現行のシステムがあるわけです。

長い人類の歴史を振り返ってみると(かなり乱暴な要約であるのは承知していますが)、一般市民の子どもを対象にして、学校で国語・数学・理科・社会・英語といった教科学習が行われているのは、ここ百数十年ほどのことにすぎません。この「たかだか百数十年の常識」にとらわれる必要は全くない、と私は考えます。

むしろ「生きるための力」を養う学びは、学校以外のところで、脈々と行われてきたのではないでしょうか?

人類の生存と繁栄はコミュニケーション能力と学習力の賜物でした。だからこそ、私たちは今後もそこに磨きをかけていくべきです。「広義の学習」に着眼し、個人として、類としての「学習力」を高めることが、歴史的な使命なのではないかとすら思います。

## 進化と学習

かつて私は、「進化は学習の一部だ」と考えていました。

学習学を提唱する私は、あらゆる生命体は学習する存在だと規定したかったのです。生物は、その個体らしく、種らしく、外的な環境に適応しようとします。つまり、「進化」します。しかし一般にその速度は遅く、形質の変化を起こすには、何世代、何万世代、何百万世代もかかります。

では、「学習」の場合はどうか？　たとえば、一時間の研修でエクセルが使えるようになる、これも学習です。オウムや鷹などの鳥類、犬や猿、イルカなどの哺乳類は、一世代の間にさまざまな芸を覚えます。これも学習と呼べるはずです。

つまり、進化も学習も何かができるように変化する、という点で同じものであり、広義の学習と言える、そして、一世代のうちに完結しない「学習」を「種の進化」と呼ぶのだと、私は定義したのです。

ところが、二〇二一年に太刀川英輔さんの『進化思考』（海士の風）を読んで、大胆に宗旨替えすることになりました。現在は、**「学習は進化の一部である」**と考えています。

進化と学習との間で、全体と部分の関係が逆転したのです。

**あらゆる生物は変異と適応を繰り返し、進化する。**

**そして、一世代の間に行動の変化が確認できるものを「学習」と呼ぶ。**

このほうが、より一般的な定義になると気づきました。

特に、人類は自ら意識して、学習の目的を設定したり、学習の方法を工夫したり、他の個体と協働して学習したり、学習速度を高めることができる点に優位性がある生物だと考えられます。

詳しくは、太刀川英輔さんの『進化思考〔増補改訂版〕』を参照してください。

## ●——「学習」を「適応」と「開発」の二面から考える

「学習」には、二つの側面があります。

一つの側面は**「適応」**、英語で言うと、**アダプテーション（adaptation）**です。PCなどの電器製品にはしばしば、「アダプター」というものがついています。それなしには、ジャックとプラグなどが接続ができないときに、その不一致を調整する役割を持つ器具です。このアダプターのように、人間も、環境や時代の変化を認知し、その状況に自らの特徴を合わせて、適応していくことが必要なのです。

ダーウィンが提唱した「適者生存の法則」は、「滅びずに生き延びていけるのは最強の動物ではなく、環境の変化に最も適応した生物だ」と言っています。

生物の歴史を振り返ると、確かにその通りです。太古の時代、人間よりも強い生物はいくらでもいました。恐竜などはその最たる例です。もし最強の生物が生き延びられるのだとしたら、現代の地球にもティラノサウルスが跋扈《ばっこ》していたことでしょう。

しかし恐竜は、死に絶えてしまいました。巨大隕石説が有力ですが、なんらかの理由で大規模な気候の変動が起こり、地球の気温が低下して、氷河期が到来しました。草食恐竜の食料だったシダ類が枯れてしまい、その草食恐竜を捕食する肉食恐竜も絶滅したと考えられています。

他方、自分で体温を調節維持できる恒温動物、特にトガリネズミのような小さな哺乳類は、多くの食べ物を必要とせず、厳しい環境の中で生き残り、私たちの先祖となりました。

そうして生まれてきた人類もまた、「諸行無常」と言われるように、絶えず変化し続ける環境を認知し、生存に必要な資源を確保し、自分の生存を脅かすようなリスクを発見・回避し、より安全で健康な人生を送れる術を編み出してきました。

ある時代に最適だった行動や思考のパターンを手放すこと（アンラーニング）と、新たな状況に適合する新しい生き方を獲得すること（ニューラーニング）を繰り返し、ときには、変化を先取りする形で生き延びてきました。

こうした環境の変化は、子どものときだけに起こるわけではありません。むしろ、一生を通じて、次々に訪れる変化の波をとらえ、うまく適応することが必要です。過去に獲得した技能が、次のフェイズで陳腐化すれば、また、次のスキルを身につけていく。それができるのが人間ならではの持ち味と言えるでしょう。

**学び続ける営みとは、「生きる力」を絶え間なくバージョンアップすることです。その生き方を身につけてこそ、変化の激しい時代・環境にも対応していけるのです。**

先日、海上保安庁出身で宇和島市の教育長に就任された金瀬聡さんとお話しする機会がありました。船の操縦の歴史を考えてみると、かつて（たかだか数十年前）、太陽や星の位置を観測して現在位置を知り、紙の海図に線を引いて航路を定め、モールス信号を打電する専門家が本部や他の船との交信に当たっていた位置確認が、現在はGPSで確認でき、夜間でもレーダーで陸地や他の船舶の存在を確認し、ソナーで海中の状況を把握し、さまざまな無線回線を用いて動画通信もできると語っていました。

私は、大学教員のほか、企業や官公庁の研修の講師も務めていますが、コロナ禍にいち早く研修をオンライン化した会社もある一方、頑なに対面の講座にこだわり、中止・

延期する団体も数多く存在しました。京都芸術大学の場合には、絵を描いたり、彫刻・陶芸・デザイン・撮影など、実技を伴う科目は対面で行いますが、一般教養科目はそのほとんどをオンライン化しました。その結果、一時限目の出席率・単位取得率が向上することになりました。

現代の私たちもまた、日々、新しい状況に「適応」していかなければならないのです。

さて、「適応」と並ぶ、学習のもう一つの側面は、自分の中に眠っている**可能性を開花・発揮する**ことです。英語では「デベロップメント（development）」という言葉に当てはまりますが、このdevelopmentという言葉には他にも、発達・発展・開発・造成といった意味があります。

ちなみに反対語は「エンベロープ（envelope）」。「封筒」を表す言葉です。envelopeに、en-とde-という逆の意味の接頭語をつけて、二つの言葉ができていることがおわかりでしょうか。en-には「包む、隠す」という意味があり、「de-」には「分離する、外す」という意味があります。暗号化することをエンコード（encode）と言い、解読することをデコード（decode）というのはその一例です。

エンベロープ＝封筒も同じです。その機能は、他の人に読まれては困る信書のメッセージを封書にすることによって「隠す」ところにあります。「見えるものを見えなくする」役割です。とすると、デベロップの機能は……そう、「見えなかったものを見えるようにする」ことです。

最近はほとんど見かけなくなりましたが、かつては街のいたるところに写真屋があり、DPEという看板が掲げられていました。光学式のカメラで撮影すると、フィルムの上には画像があります。しかし、肉眼で見ることはできません。化学薬品処理をすることによって初めて、見えなかった画像が見えるようになります。このプロセスも「現像＝develop」と言います。DPEは「現像、焼き付け、引き延ばし（Develop, Print, Enlarge）」の頭文字を表していたのです。

一人ひとりの人間の中には、人から見えない、ときには自分にも見えていない、未知なる可能性が潜んでいます。そのポテンシャルを見える状態にしていく働きが、開花、あるいは、発揮です。

「自分にも見えない」と言いましたが、実際、人は自らの可能性を小さくとらえすぎる傾向にあります。「人間は脳の持つキャパシティの三％しか使っていない」という話はよくご存じでしょう。かの大天才・アインシュタインでも一〇〜一五％程度だったという説があります。

**人間は、持てる力のごくごく一部しか活用していないのです。この事実を認識するところから、学習が始まります。**

以上二つの側面を踏まえて考えると、学習とは**「環境に適応しながら自らの特質を発揮していくこと」**と定義することができます。また、**「自らの特質を活かしながら、環境に適応していくこと」**とも言えます。そしてこの定義は、個人ばかりではなく、組織やコミュニティにも当てはまるのです。

**玄徳から明徳へ**

漢語では、人間の持っている多面的な力を総称して「徳」と呼びます。スイスアーミーナイフは、ハサミやヤスリ、ピンセットなど、備わっている機能の数によって「七徳ナイフ」「十徳ナイフ」などと呼ばれます。「徳」という漢字には、「力、はたらき、機能」

と言った意味があるのです。
ですから、それが、その人の内側に秘められたまま、発揮されていないとき、「玄徳」と呼ばれます。三国志には、劉備玄徳が登場します。関羽、張飛、趙雲、諸葛孔明など、素晴らしい部下に恵まれ、蜀の皇帝にはなりましたが、ついに天下統一を果たすことはできませんでした。「玄徳」という名前が、運命を象徴していたのかもしれません。

内なる力が外に表れること、あるいは、表れた才能を「明徳」と呼びます。

「大学の道は明徳を明らかにするにあり」

これが四書五経の一つに数えられる「大学」の冒頭の一説ですが、ここから、高知県の明徳義塾をはじめ、全国各地に「明徳」を冠した学校が数多く存在します。ちなみに、明徳義塾高校出身で大相撲で活躍した元・横綱の朝青龍明徳《あさしょうりゅうあきのり》関は、母校の名前を四股《しこ》名《な》にしていました。

西周や福澤諭吉が、develop という言葉を「明徳」と訳していたら、今日、開発や発展、発達という語が使われている文脈で、人材明徳、組織明徳、地域明徳、明徳途上国、明徳心理学などとなっていたかもしれません。

## 各人各様の明徳

「教育」の場合は、一人の先生が同じ方法・内容で授業を行い、その方法を通してどれだけの成果が得られたかを試験という数字で「客観的に」評価します。大学入試における「大学入学共通テスト」とか、一般に「全国学力テスト」と呼ばれる小学六年生、中学三年生全員を対象とした「全国学力・学習状況調査」などは、外部から観察可能な共通の基準ですべての子どもを評価しようという取り組みです。

国語・数学・理科・社会・英語という教科のペーパーテストで、他の人よりも高い点数を取ることが、成功と見なされます。

それに対して、学習とはもっとパーソナルな、個別の成果を重視します。

同じ教室で同じ授業を受けていても、実は学びの内容は一人ひとり異なります。同じ料理を食べたとしても、どんな栄養分をどれだけ吸収したかは、一人ひとりの体質によって違います。同じ学校を出た生徒たちの進路が千差万別になるように、学びから何を開花させるかは人それぞれ。同じ知識でもいろんな活かし方につながるはずです。

ならば、「自分だけの可能性」について、もっと深く踏み込んで考えるべきではないでしょうか。ほかの人に比べてよい点数が取れるか、よい高校・よい大学に行けるか、より早く昇進できるか、といった「教育」的な基準に基づいて自分の人生を評価しているとしたら非常にもったいないことです。

**自分が何をするときに最も充実感を得られるのか**を考え、内なるポテンシャルを開花させていくことに集中できれば、人はもっともっと、限りなく成長できるはずです。

## 「学習」を狭義と広義で考える

国語・数学・理科・社会・英語という教科の試験に向けて、しっかりと準備をし、制限時間内に出題者が用意した正解を導き出し、解答していく能力も大切です。従来型の学校教育で重視されてきたこうした力を伸ばす**「狭い範囲の学習」**に対し、**「広い意味での学習」**の範囲は、人生のほぼすべてに該当します。**人は一生の間、学問や技能だけでなくすべての対象について、終わることなく学び続けます。**

その中身は、知識や技能の獲得だけにとどまらず、考え方の異なる人とうまく付き合っていく人間関係の学びかもしれません。子育てや車の運転、料理、買い物の仕方なども学びですし、さらに、美しいものを美しいと感じられる感性、挫折したときに再び立ち上がる勇気、にくらしかった人を赦す寛恕《かんじょ》の精神など、人間にとっての学びは幅広く、そして、教えようと思っても教えられないものがほとんどです。

このように、学びを広い範囲でとらえると、学びが人間にとって最も中心的な営みだということがおわかりいただけると思いますが、学校教育が幅を利かせている現代社会に生きていると、つい**狭い学力ばかりに目が向きがち**です。そうなると、「学校や塾に通って教わらないと能力を高めることはできない」という誤解に陥ってしまいます。

しかしながら、すでに見てきたように、人類史を振り返ると、学校ができたのはたかだかここ数百年のことに過ぎません。そして、学校が特権階級だけでなく一般庶民にも広く門戸を開くようになったのは、百年少し前のことにすぎません。人類はそれ以前の何千年・何万年もの間、学校のない社会で能力開発をしてきたのです。

その体験をしていない現代人は「教わる」という形の学び方に慣れすぎてしまい、**知らず知らずの間に「自ら学ぶ力」を弱めてしまう**傾向があります。学ぶ力は筋肉と同じで、使い続ければ増強され、使わないと衰えます。教わることばかりにかまけていると、「学び筋」を衰えさせてしまいます。

すべての人が**「ホモ・ディスケンス」そして「アクティブ・ラーナー」である自分を自覚し、生まれつき備わっている学びの欲求へ**と目を向けてくれたら、と切に思います。

## 学習とは、教わるのではなく自分で学ぶこと

学習とは、教わるのではなく、環境に適応し、環境を切り拓いていくために、自分で学ぶことです。**「教わる」は受動的行為であり、「学ぶ」は能動的な行為**です。したがって、学習者には主体性と責任も必要となります。これまで「教わる」一辺倒で、うまくいかなければ「学校が悪い」と文句を言うだけだった人は、認識を改める必要があるでしょう。

では、主体性と責任とは何か。それは、医療の現場でよく使われる「インフォームド・コンセント」という言葉を例に挙げるとイメージしやすいでしょう。ただ、誰もが一度

は聞いたことがある言葉ですが、この意味を正確に把握している人は、意外に少ないようです。

インフォームド・コンセントは、患者の治療方針について医師がきちんと説明（inform）し、患者やその家族の同意（consent）を得ることが不可欠である、という考え方です。

つまり、「患者にわかるように、きちんと説明するという医師の義務」というわけでない。それは間違いとは言わないまでも、一面的な解釈だということです。

Informedには、learned（学ぶ）という意味もあります。つまり患者とその家族は、病気の特徴、与えられる薬の副作用、手術の効果とリスク、リハビリの意味など、**治療法に関する知識を「学ぶ責任がある」**ということなのです。医師にすべて任せきってしまうのではなく、自分たちも情報をしっかり理解し、同意という名の最終的判断を下す責任を負うことが不可欠なのです。

学習も同じです。学習とは生きることであり、最終的な責任はその人生を生きる本人に帰属します。

子どもの親が学校に対して（あるいは患者が医師に対して）依存したまま不満を募ら

せているとしたら、その両者は不幸な対立関係にあると言えるでしょう。

他方、「学校は万能ではない」「医師にできることは限りがある」「彼らには、彼らにできる範囲のことを頑張ってもらって、自分たちも知識を自分で得よう」「自己治癒力を発揮しよう」と思うことができれば、両者は協力体制を築くことができます。

そうした関係が社会の中に増えていけば、今の世に蔓延しているさまざまな不信感は徐々に軽減されていくのではないでしょうか。「学ぶ」ことは、こうした大人たちの自立と協調に基づく幸福な社会の可能性を拓くものでもあるのです。

| | 教育学 | 学習学 |
| --- | --- | --- |
| 指導者 | Teaching（Teacher）<br>講義形式の一斉授業で<br>知識を教える<br>「正解・試験」がある<br>個人主義モデル<br>競争原理<br>→Eラーニング | Coaching（Coach）<br>一対一の個別指導で<br>自発性・可能性を引き出す<br>**個別最適な学び**<br>Facilitation（Facilitator）<br>一対多の集合研修の中で<br>学習者の学び合いを促進する<br>**協働的な学び** |
| 学習者 | Being Taught（Teachee）<br>受け身で教わる | Learning（Active Learner）<br>自ら主体的に学ぶ |

第三章◉

# 「学習学」的学習<br>「学習学」的生き方

## 学習の四段階――「わかる」から「できる」へ

ここからは、具体的には、「学習」とはどういうプロセスなのか、についてお話しします。ひと言で言えば、知識が「血となり肉となっていく」プロセスです。これは「身につく」「糧になる」など、さまざまな言い換えが可能です。さらに単純に言えば、**「できる」ようになる**、ということです。

なんだ、当たり前じゃないか、と思われるかもしれませんが、これは、いわゆる知識の理解＝「わかる」とは違うものだ、というところが非常に重要です。

「わかる」とは、単に理論が頭の中に入った、ということを意味します。

「畳の上の水練」という言葉があります。クロールの泳ぎ方について説明を受け、映像を見て、「なるほど、こうやって泳ぐのか」と理解できたとしても、それだけでは泳げるようにはなりません。実際に水に入って体を動かしてみて初めて、「ああ、こうすればできるのだ」と思えるようになること、これが「できる」ようになることです。

とすると、**日本の教育は、「わかる」でとどまる教え方をしているものが非常に多い、**ということに気づかれるのではないでしょうか。

英語教育はその典型例です。複雑な文法や高度な単語の知識をとことん教え込まれた生徒たちは「わかる」ところまでは到達できますが、それだけでは実際に外国人と会話を交わせるようにはなれません。外国人と話す機会を多く持つことによって、初めて「できる」の領域に達することができます。**学習には、常に実践が伴う**のです。

ここには、「学習の四段階」というものがあります。聞いたことのある方もいらっしゃるかもしれません。人間が新しい何かを学ぶとき、例外なく踏む四つのステップです。

第一段階は、**「できないことを意識していない状態」**。

たとえば「スワヒリ語」。読者の中に話せる方はほとんどおられないでしょう。そして、「スワヒリ語が話せないから困ったな」と思っている方もまずおられないと思います。

しかし、もしもケニアかタンザニアへ旅行する、あるいは仕事で数年滞在する、ということになったら、スワヒリ語ができないとにっちもさっちもいかない状況になります。

ここで第二段階＝**「できないことを意識している状態」**に入ります。学びが必要だ、と気づき、学びたいという意欲を持つこと、これが学習のスタート地点です。スワヒリ語の教科書や教材を購入して、知識をインプットすることになるでしょう。スワヒリ語学校に通い始めるかもしれません。

こうして実際に学習を始めると、当然、最初はなかなか慣れません。現地の人と話すときには、「この言葉はなんと言えばいいのだろう？」と一つひとつ考えながら、たどたどしく話すことになるでしょう。これが第三段階の**「意識しないとできない状態」**です。

これは語学に限らず、自転車の乗り方、料理、車の運転などでどなたも経験ずみでしょう。しかし、個々の段階でやめてしまったものも多いのではないでしょうか。

実は、この段階でやめてしまうと、「意識すればできる状態」は次第に失われていってしまいます。血となり肉となる前だったからです。血となり肉とするには、一定量のアウトプットが必要です。ここで技能の定着に必要な量のアウトプットを行ってようやく、そのスキルを自分のものにすることができます。

そして、もし現在、その段階を超えて自転車に乗れている、料理もスイスイできる、車の運転も毎日している、という場合は……。

そう、これが四つ目の最終段階、**「意識せずにできる状態」**です。

これが「身についた」「板についた」ということです。どのようなスキルも、ここまできて初めて「できる」と言える状態になるのです。

ところが、通常の学校教育では、「なぜこの技能が必要か」を感じることなく、いきなり第三段階が始まり、そして必ずしも十分な時間をかけずに、次の項目へ移っていくということが繰り返されます。学校教育の最大の問題の一つは、ここにあります。だから、あとになって、私たちは言うのです。「学校で習ったことなんて、何の役にも立っていない」と。

せっかく長い時間をかけて学校に通って勉強を重ねても、そこで得た知識は、単にわかっただけ、一時的に覚えただけの知識に終わってしまい、本当に身についた一生の財産にはならないのです。

## 質の高い「未成功」を積み重ねていくことが成功への道

では、学習の四段階のうちの最も重要なステップである、第四段階について、もう少し詳しく見てみましょう。そう、アウトプットの段階です。

知識を本当に自分のものにし、無意識のうちにできるようになるには、とにかくアウトプットをすることが重要です。ピアノの練習でもスポーツでも、医学生の医療行為でも、ビジネスマンがプレゼンテーションや営業のスキルを身につけるためにも、とにかくやってみる、場数を踏むことが重要です。

ところが、多くの人が実践よりも座学を好みます。やってみることに躊躇します。失敗したらどうしよう、うまくできなかったらどうしよう……という思いが先に立って。でも、最初からうまくできるはずがない。最初は失敗して当然です。というより、たくさんの失敗を経験することが学習には必要なのです。これは、多くの人が好む「クリエイティビティ」「創造性」を磨くためにも、不可欠です。**失敗を恐れない**ことが重要なのです。

ところが、これは「教育」の世界ではあまり奨励されていません。失敗は、減点の対象です。先生が教えたことをすばやく覚え、テストでその通りに答えることが求められます。先生と異なる意見・考え方は「間違い」「誤答」「失敗」とレッテルを貼られ、悪いこととして排除されます。私たちが往々にして、失敗を恐れ、そもそも失敗しないために最初から行動しないことを選択しがちなのは、こうした学校教育の「トラウマ」があるからかもしれません。振られることを恐れて声をかけない。それどころか、そもそも異性に関心を持たないようにしている、というのも、この失敗を避ける習慣からきているのでしょうね。

しかし、教えられるのではなく自分で学ぶ場合は、その逆が求められます。トライアル&エラー、つまり試行錯誤を重ねることが必要なのです。そのプロセスはときに「苦い経験」になるかもしれないのですが、長い目で見れば、必ず本人の成長の役に立ちます。**実験（experiment）しなければ経験（experience）は得られない**のです。

とはいえ、ただ失敗するだけではいけません。よくある「悪い失敗」は、**一度の失敗で退散してしまう**こと。

「羹《あつもの》に懲りてなますを吹く」という諺があります。熱い食べ物を食べてやけどをしたのに懲りて、その後は冷たいなますをフーフー吹いて食べる――一度痛い目を見ただけで極端に反応し、警戒しなくていいものまで警戒してしまう姿の滑稽さを表す言葉です。

しかしこれを笑えますか？　多くの人が陥っている現象ではないでしょうか？

同僚に無愛想な返答をされてから、なんとなく苦手意識を持っている、会議で一度アイデアを却下されてから、発言するのが嫌になった、といった言動に覚えがあれば要注意。それは失敗を重く見すぎている証拠です。この手がダメなら次の手でいこう！　と、「数を打つ」ことが大切です。

「苦手意識は練習不足」――ＩＴであれ、英語であれ、高齢男性であれ、もし何かに苦手意識を感じていたとしたら、それは練習不足。大概のことは、場数を踏むと上達するものです。

もう一つの悪いパターンは、**同じ失敗を繰り返す**こと。「これ失敗かも？」と気づいたら、その段階で分析をしましょう。何がネックになっているのかを考えて、それをクリアしてもう一度挑む。それでもダメならまた別の点を改良する。

**「あの手、この手」「手を変え品を変え」と、少しずつバージョンアップしつつ何度も繰り返す**ことが大切です。その過程で味わう失敗こそ、「成功の母」と呼ばれるにふさわしいものとなるでしょう。

前向きな挑戦を試みて、ある一時点で結果に結びつかなかったとしても、それが次のステージでうまくいくこともあります。ですから私は「失敗」と呼ばず、「未成功」と呼ぼうと提案しています。同じパターンを繰り返すのではなく、うまくいかなかった理由を分析し、改良を加え、工夫し、ときには他の人の力も借りて、「質の高い未成功を積み上げていくこと」が成功への道なのです。

**何もチャレンジしない消極的な姿勢が、人生を無為に失ってしまう敗北の道**です。

Trial and Error ではなく、Try and Learn です！

挑戦すれば、たとえ思ったようにいかなくても、そこには必ず、気づき、発見、学びのチャンスがあります。そして、次につなげていくことで、成功への道が開けるのです。

## 学習の対象と場所

次に、学習の「対象」を考えてみましょう。

ご存じの通り、学校で習う授業には「教科」があります。国語・算数・理科・社会・英語、と分類された授業を、生徒たちは別々のジャンルとして教え込まれます。

しかし実は、この分類は「教える側」の都合によるものです。このように整理し、区分けしたほうが教えやすいからそうしているだけなのです。

現実社会に生きる一人ひとりの人間は、決して一つの教科の中に暮らすことはできません。「スーパーで買い物」という一つの行動の中にも、財布の中身と相談する、という「算数」と、栄養に関する「理科」の知識、流通システムによって野菜の鮮度を意識する「社会科」の知識などが同時に必要となります。

ましてや、人生で学ぶことは、「教科学習」だけではありません。それどころか、学校では習わなかったことばかりです。

**人を愛すること、許すこと、信頼すること、協力すること、美しいものを美しいと感じられること、勇気を持って真実と向かい合うこと**――これらは生きる上で最も重要な学びです。

**社会の中にあるさまざまな価値観を知り、考え、自分がその中のどれに賛同するか、あるいは新しい選択を創出するか**、といったことも、学習者にとって非常に重要な課題です。

けれども、いずれも学校では教えてもらえない事柄です。何十年もかけて、自らの体験を通して進むしかありません。当然、六歳から二二歳までの間に収まるものでもありません。学習の期間は、生まれてから死ぬまで**「一生涯」(Life-long)**続くのです。

次に、どこで学ぶか？　ですが、学ぶ「場所」も無限にあります。人生のあらゆる場面が、学習の機会となります。

私はこのことを**「随所学習」(Life-wide Learning)**と呼んでいます。このように考えると、日々の小さな行動の中にも、そして一見些末に思えるようなことの中にも、学びがあることに気づくことでしょう。

ついおざなりに行いがちな職場の雑用を、「早く、丁寧に行うにはどうするか」というチャレンジのもとに行えば、仕事の質は格段に上がります。退屈に思える飲み会も、「上司の愚痴の中にある思い」を見通そうとトライすることによって思わぬ職場改善のアイデアにつながるでしょう。

このように**あらゆる場所で学びを得つつ生きる**ことは、人間的成長を促します。ある日のちょっとした行動、言動、気づき、発見が、人生全体に意味・影響を持つことだってあり得ます。

逆に言えば、ある人の一挙手一投足、一つの発言に、その人の全人生の学びが映り込むのではないでしょうか？　これを私は**Life-deep Learning**と呼んでいます。

以上挙げた**Life-long / Life-wide and Life-deep Learning**――それが「学習学」における「学習」です。このように考えながら日々を過ごせば、なんの変哲もない毎日が俄然エキサイティングなものに変貌することでしょう。毎日は、一瞬一瞬が繰り返されることのない、リアルでディープな学びの連続なのですから。

## 多様性――さまざまな価値観を知る

「社会の中にあるさまざまな価値観を知る」ことも学習の重要な課題だと述べました。これも、社会の一線で活躍中の読者の多くにとっては、当然のことでしょう。ところがなんと、これもまた、「教育」の世界では見落とされてきたことなのです。

一律に同じ知識を教え込む教育のスタイルは、必然的に「みんなと同じことは良いこと、違うことは悪いこと」という価値観を醸成します。

学校教育の中で教え込まれるルールや、試験で高得点を取るスキルを磨くことに集中する価値観はある意味、規格に適合する工業製品をつくるプロセスに似ています。「個性を伸ばす教育」などというフレーズがもう何年も使われてきましたが、そこにはやはり、教育者の側からの発想が見え隠れしています。「この程度なら、違っていてもいい」「ここまでの個性は認めるけれど、ここからはいけない」といった暗黙の枠があり、一種のダブルスタンダードを生じさせているのが現状でしょう。「いじめ」の背景には、「過剰な同調圧力」があります。

ここはもう一歩踏み込んで、**「違っていてもいい」ではなく「違うからこそ素晴らしい」**という発想が必要です。人間は一人ひとりが唯一無二の存在です。そこから生まれる「多様性」こそが人の人たる所以であり、尊重すべきことなのです。


これは人間に限らず、すべての「いのち」に該当することです。近年、生物種の多様性（Bio-diversity）という言葉を頻繁に耳にするようになりました。将来の遺伝子資源の保存のために、絶滅の危機に瀕する生物種を保全しよう、という考え方です。地球環境を安全で豊かなものにするためには、多くの生物種を次代に遺すことが不可欠なのです。

身近な例で言うと、台風や集中豪雨の際に、杉だけを植えた人工の斜面は土砂崩れを起こすのに、自然に生い育った雑木林は急傾斜であるにもかかわらずびくともしない、という現象が諸所で見られますが、それは、自然の中では多種多様な植物が相互に関係し合ってこそ強い構造になる、ということの表れでしょう。

人間社会も同じです。特定の大学の出身者が集中した（それも多くの場合、上に立つのは男性ばかりの）組織は考え方の幅が乏しく、不測の事態にはもろい、といった傾向がよく見られます。「赤信号みんなで渡って大惨事」になった組織は枚挙にいとまがありません。学校教育が生み出した画一性が企業の硬直性につながっているとしたら、それは憂慮すべき事態です。

学習学の世界では、こうした単一性の硬直から、多様性の豊かさへのシフトを目指します。学習者は、自分がその多様性の中で認められるという幸福を得ると同時に、自ら「異質なもの」に対してオープンになる姿勢も求められます。**違う世代、違う環境、違う価値観の人々と積極的にコミュニケーションをとる**ことが、「学習学的な生き方」です。

## 学ぶ喜びが鍵

人間は「学びたい」という欲求を本質的に持っている、ということはすでに述べた通りです。では、なぜ人間には、そうした欲求が組み込まれているのでしょうか。

それは究極的にはやはり「生きるため」でしょう。自分を取り巻くものの中に不可解なもの・未知のものがあると、その分生存のリスクが高まります。だから未知のものの正体を明らかにしたいと願い正体がわかったときには、安心感や爽快感を味わうのです。

それがもう一歩進むと、正体が明らかになったものを「活用したい」という願いが生まれます。周囲の事物の特徴や性質をつかんで、それを利用し、さらに快適に安全に、便利に過ごしたいと願うこと、それも学習の動機です。


すなわち、学習をまた別の言い方で定義すれば、**学習は「よりよい人生のために活用できること」を学ぶ営み**です。自分のスキルを伸ばせるような知識や技術を学ぶ、知的欲求を満たせるような教養を身につける、五感が喜びを感じられるような芸術を鑑賞する――これらはすべて同じ動機から発する行為です。

ところが教育の世界では、こうした「充実感・幸福感・喜び」を満たす、という観点がともするとなおざりにされがちです。日本の学校教育によってもたらされる喜びと言えば、試験でよい点をとることであったり、大学に入ることであったりします。受かれば、確かにうれしいことには違いありませんが、試験結果が発表になった日に知る、合格、点数、順位など、「言語・数字」を媒介とした間接的な体験にとどまります。さらに、よい点数をとれなかったり、入試に受からなかった人にとっては、幸福と喜びの真逆の体験となります。

学習の喜びは、もっと広範囲で豊かで深いものです。そして、その喜びは**「学ぶプロセス」のワクワク感や「学んだことが役に立つ！」という実感から生まれる**ものです。

日本の学校における英語教育を考えると、そのことがよくわかります。

日本人は中高六年間にわたって英語教育を受けるにもかかわらず、それによって英会話力が身につく人はあまり多くありません。これはいったいなぜでしょうか。

第一に、英語を身につける目的が不明確。どんな場面で英語を使うのかがイメージできないからでしょう。

次に、英語の授業自体が楽しくない。英語を話せない先生たちは英単語や英文法をインプットする授業に終始し、試験を行います。自己表現を伴うアウトプットは楽しく感じられても、知識の詰め込みに喜びは感じにくいものです。けれども、スピーキングやライティングといったアウトプット力を測定する試験は、測定する側に実力がないと採点できません。

さらに、学校教育の英語の知識は「役に立つ」という実感が得られにくいのです。中高の英語の教科書は、文学、歴史、社会、科学などありとあらゆるジャンルをカバーしていますが、ある人が実際に活用するのはもっと個別具体的な分野に特化したものです。たとえば海外旅行で役立つとか、欲しい商品がネット通販で割安で買えるとか、現実的なプラスが感じられれば、英語を学ぶ甲斐もあるというものです。あるいは、マーケティングに関する最新の情報を得るとか、趣味のケーキづくりのレシピを集めるといった形で、個人のニーズに合った場面で英語を活用することができれば、だんだん楽しくなってくるでしょう。

学校教育で得られる教養的な知識を活かして役立つものへと変えていけるか——これも学習者にとって大きなテーマと言えるでしょう。

## 学習はやり方次第では楽しい

**学びたいという欲求を満たす**、これが学習の根本姿勢です。そこには、楽しさ・喜び・

ワクワク感といったプラスの感情が伴います。それは「教育」によって要請される「勉強」に向かうときとは対照的な感情です。

勉強には、必ずと言っていいほど「努力」という概念がつきまといます。頑張ることは尊いことであり、辛く苦しい努力の時間を過ごしてこそ勉強は役立つ、と考えている人も多くいます。努力の見返りとして偏差値の高い学校に行ける、一流企業や官庁に就職できる、といったメリットを推進力にする人もいるでしょう。

しかしそれは、教育の場においては支配的な価値観だったとしても、内発的なものではありません。親や先生や、漠然とした社会の常識、つまり「外から与えられた考え」です。自分の内側から出てきたものでない以上、どこかで無理が生じ、苦痛を伴いやすいのも、当然と言えば当然でしょう。

それに対して、自分が好きなこと、自分に向いたことに取り組んでいるときには、時間が経つのを忘れるほど楽しく夢中になるものです。こういう場合には、努力する必要も、無理をして頑張る必要もありません。

「学ぶ」ということには、この二つの側面が必要です。つまり、努力を伴う勉強をいっさい排除しよう、ということではないということです。

母国語の読み書き、基本的な計算をはじめとする、生きていくために不可欠な基礎的能力は、誰もが身につける必要があります。社会の仕組みや自身の健康管理に関する知識も最低限知っておかねばならないでしょう。これらについての学びは、たとえ内発的なものではないとしても、努力をもって取り組むべきです。しかしそれ以外の多くのことは、本人が自ら選び取る形で学べばよいのではないでしょうか。

現在、中学・高校で必修とされている事柄の多くは、量が多すぎ、難度が高すぎるように思います。現状では、教育によって得られるプラスの効果よりも、勉強嫌いを生み出すマイナスの副作用のほうが大きくなっていないでしょうか。

必修すべき内容を大胆に精査し、厳選することにより、無駄な遠回りをしなくてすみますし、退屈さや苦痛によって、勉強を「苦しいこと」と思い込む危険もなくなります。

加えて、**早いうちから「選び取る」ことを経験する**のも大きなメリットです。選択の自由を与えられ、選ぶ機会を得ることによって、人は自分の適性や興味の方向性を意識できます。いろいろなことを少しずつ学びたいのか、一つのことを深く学びたいのか、といった志向性も把握できるでしょう。

自分は何が好きで、どんなことを知りたいと思っているのか認識することは、学習という営みの中心に位置する事柄です。それは、自分自身を知ることでもあるからです。自分を知れば、自分を「どう活かすか」も必然的に見えてきます。「学習」の概念がその人の中に浸透していればいるほど、そのための手段も簡単に見つけられるでしょう。

**生きる喜び、自分を活かす充実感を手に入れる**こと――これが「学習者」すべてに共通する、学習の目的なのですから。

## 学習の七原則

本章の最後に、「学習学」の学習における原則をまとめておきましょう。

### ❶平等の原則――誰もが学習者である

先日、私のワークショップにきた男性が、「自分は五十代だし大学教員なので参加者ではなくてオブザーバーで参加させてほしい」とおっしゃいました。私は、年齢や立場にかかわらずすべての人がその人なりの最新学習歴を更新することが学習者であるということを伝えました。学習者としてみな平等です。ですので、「今日は参加者としてご参加ください」とお願いしたところ、少しムッとした表情を浮かべられました。

しかし、プログラムが終わった後、「今日は参加できて本当によかったです。後ろで見ていただけではわからなかった気づきや学びがたくさんありました。自分が一参加者になることが大切だと、あらためて痛感しました」とおっしゃってくださり、胸を撫で下ろしました。

学校という社会装置は「私が教える人であなたは学ぶ人である」という先生と生徒、教授と学生を分断して境界を設けるという仕組みをつくりました。教師や職員という立場の違いは便宜上仕方がない部分があっても、誰もが最新学習歴を更新する学習者だという基礎定義は外せないのです。

先生や教師の役割は、teacherからfacilitatorへと変化すべきです。teacherとは、教えるという従来の学校教育の中での先生の役割ですが、現在は学び合いを促進するfacilitator＝ファシリテーターへと変化していくということが非常に重要です。

## ❷協力の原則

その中で大事になるのが、個人主義モデルではなく、学び合いのモデルです。

これまでの学校ではやはり個人主義モデルの競争原理があり、ペーパーテストの点数がよくて成績がよいと、個人として評価されました。しかし社会に出れば個人で完結している仕事はなく、他の人と協力してその中で仕事をするということのほうが多いのです。一人で学ぶのではなく、学び合いが大事ということがもっと社会の中で強調されるべきだと思います。

そういう点では、現在の、探究学習やプロジェクトベースド・ラーニング、PBL(Project Based Learning　課題解決型学習)などの広まりは、とてもよいことです。ここでもまた、教師は、teacher から facilitator へとその機能を変えていく必要があります。

## ❸多様の原則——teacher からcoachへ

個人によって学習の目的や人生の目的が違うため、効率的にみな同じ知識を与えるのではなく、「学習スタイル」(「人間にはそれぞれ学びやすい学び方がある」という信念に基づいた、学び方のパターンのことを言う。一九八〇年代以降、特に英語圏の教育界において多くの研究が成されてきている)

や「MI理論」（Multiple Intelligence＝多重知能理論。ハーバードの発達心理学者ハワード・ガードナー博士によって一九八三年に提唱された、人間の知能を八つに分け、八つのうちどの能力が優れているかが、個性につながる」という考え方）によって、個人の優位感覚（特性）を活かした方法で行うべきです。

学習者の今の気持ちに寄り添って、一人ひとりの強みを引き出していくこと。それぞれが自分の可能性を発揮することをサポートしていくこと、すなわちCoachとしての役割をも持つことが大事です。

**❹総合の原則――教科学習から総合学習へ**

あらゆる学びは根元でつながっています。すべての学びは総合学習であり、根本は哲学（本来の意味でのphilosophy）です。今も学校で幅を利かせている教科教育は、まさにその対極にありますが。数学・理科・社会・英語という枠組みで考えるのではなく、あらゆる学びは総合学習であるということがもっと理解されなければなりません。生きていく上で、あらゆる学びは総合学習なのですから。

**❺更新の原則**

この世界に不変の正解は存在しません。学び終わりもまた存在せず、常に自己ベストを更新する必要があります。人類は進化し続けています。学校教育が終わったから学びは終わりではなく、さらにbetterなことやこれまでのbestを更新し続けるのです。

ヒーローというのは自己ベストを更新し続けているからヒーローなのです。他者との比較ではなく、自己ベストを更新し続けることが大切です。

## ❻意味の原則

何かやりたい未来が決まっていて、その未来を実現するために学ぶことがあります。医師になりたいなら医学部に行く。弁護士になりたいなら法科大学院か法学部に行く。このように、直接的なキャリアとのつながりがあって行う学びもあります。

また、意味があとから見つかることもあります。やっているときには本当に自分にとって意味のあるものなのか、価値があることなのかはわからなかったが、あとから考えると自分にとっていちばん価値・意味があることだったということもあります。こういうふうに人生のいろいろなライフイベントがつながっていたのか、こういう意味を持っていたのか、というのがあとから見えてくることもあるのです。

東京大学名誉教授の西垣通先生は、「情報とは何か」という問いに対して「生命にとって意味あるものが情報だ」とおっしゃっています。何に意味を見出すかは人間にしかできないことです。ＡＩがやっているのはパターンが一緒かどうかの判断にすぎず、意味というのは生命の維持、存続に関わっているのです。

**意味と価値は表裏一体で、生命を支えることにこそ意味がある**のです。

### ❼習慣の法則

語学であれお箸の使い方であれトイレットトレーニングであれ、最初は違和感があったことでも違和感なしに意識しなくても自然にできるようになるのがスキルや知識が身についた状態です。これは一定以上の練習時間や学習時間によって身につきます。パイロットの飛行時間が安全運行の実績とほぼ比例するという経験則もあります。

何かを身につけるためには場数を踏むということが学習の中で大切です。

一方で、習慣になってしまうとそこからの進歩が難しくなります。習慣になると学習効率、行動・思考の効率がよくなり、脳内で消費するエネルギーがミニマムになるのです。

さらに上を目指すためには、自分が積み上げてきた習慣のパターンを強く意識してアンラーニング（脱却）することが大切です。このように永遠に自己ベストを探究することこそが学習する存在（ホモ・ディスケンス）ということなのです。

column 3

## 「料理と食事の関係」と「教育と学習の関係」

「料理と食事の関係」と「教育と学習の関係」は極めてよく似ています。

現代社会では、食材はスーパーマーケットやコンビニ、専門店で売っています。宅配で簡単に手に入れることもできますが、太古の昔は、食料を集めることが大仕事でした。我々の先祖は、いつも飢えていて、日中のほとんどの時間を、食料を手に入れるために費やしました。だから「ご馳走」という言葉は、「馳せて、走って材料を集めて」という意味からきているのです。

天然の素材は、そのまま食べられないものもあるし、美味しくない場合もあります。毒を含んだ部位を除去したり、灰汁の汁で煮てあくを取ったり、下ごしらえをする必要があります。大きすぎるものは細かくし、魚は三枚に下ろし、渋柿はしばらく干すことで食べやすくしました。また、加熱調理（cooking）することで、殺菌したり、柔らかくしたり、香ばしくしたりしたのも先人の知恵です。さらに、塩を加えたり、スパイスをかけたりしたほうが美味しくなることを発見。胡椒などのスパイスを探すために航海に出たら、結果的に新大陸にたどりつきました。東洋ではアーユルヴェーダや五味など、食と健康に関する知恵が、脈々と受け継がれてきました。

ここまでが「料理側」の仕事。そして、ここから「食事側」の出番です。

どんなに料理が美味しくても、店構えが貧相だと入店してもらえません。そして、客は席に着いたらメニューを見て、何を注文するか選ぶことになります。最近は、人手不足の影響でタブレットやスマホで注文する店舗も増えました。

料理は見た目も大事で、どんなに美味しい料理でも外見が悪かったら、箸をつけてもらえません。そして、美しく盛りつけられた料理の皿は、サービススタッフの手により、客の前に運ばれるのです。

ようやく箸をつけて、料理を口に運んで、味わう段階にくるわけですが、ここで、まずかったら、客は吐き出してしまうかもしれません。美味しい、ということであれば食事は進行し、食べたものは口の中で歯と舌によって噛み砕かれ（咀嚼）、飲み込まれ（嚥下）、タンパク質は胃で消化され、栄養は小腸で吸収されます。

こうして、最初、「食物＝動植物の命」だったものが、人間の命の一部となって循環が完結します。

料理を教育と対比させると、文部科学省の仕事は献立を決め、栄養計算する部分に相当します。しかもこの献立は、全国一律、すべての子どもたちにほぼ共通の献立だというところが問題です。

食欲旺盛な子にも、少食な子にも、脂っこい味を好む子にも、さっぱりした味が好きな子にも、基本的に同一の定食メニューが決められていて、選択の余地はあまりありませんでした。そして、教科書という食材は何通りの中から地域の教育委員会が選びますが、生徒・児童は選べません。

そして、調理、味付け、配膳は、現場の教師に委ねられているので、腕のよい料理人にあたれば美味しい料理が味わえるでしょうが、そうでないと食事時間がとても残念なことになります。

「あんな料理、食べたくない」と感じたら、客はその店に行きたくなくなります。こうした現象は「不登校」と呼ばれてきましたが、問題があるのは客側ではなく、店側なのではないでしょうか？

一流の割烹や料亭であれば、入店した客の好みや体調、食欲に合わせて、料理の分量や味付けを調整します。そんな贅沢なこ

| 料理 | 教育 | 食事 |
|---|---|---|
| 献立・栄養計算 | 学習指導要領 | |
| 材料集め | カリキュラム策定<br>教科書作成 | 入店 |
| 下ごしらえ | 授業準備 | 選択・注文 |
| 加熱調理 | 授業 | 箸をつける |
| 味付け | 授業 | 味わう |
| 盛りつけ | 授業 | 咀嚼・嚥下 |
| 配膳・提供 | 授業 | 消化・吸収 |

とは、一人の教師が四〇人学級を担当する公立学校の仕組みでは不可能とされてきました。個別指導をうたった学習塾が増えてきたのは、まさにこうした個々の学習者のニーズに応えてきたからでしょう。

かつて、教育再生会議のある委員が「公教育を再生させる代わりに塾禁止とする」と暴論を吐きました。これは「うちの店が流行らないのは隣の店のせいだ。隣の店を叩き壊せ」と言っているのと同じくらい乱暴な話です。

「隣の店が儲かっているのは理由があるはずだ。その理由を分析して、よい部分を取り入れていこう」というのが健全な姿勢でしょう。

そして、今、GIGAスクール構想により、タブレットやノートPCが配布されているのですから、公教育の中でも、個別最適な学びは実現できるのです。

# 第四章◉学校教育一八の呪縛

学校教育の影響を受けているのは、現在学んでいる子どもたちだけではありません。むしろ、今、大人である世代にとって、古い学校教育の影響は甚大です。気づかないうちに植えつけられた古い学校教育の常識が、仕事や家庭生活、人間関係など人生全般に大きな影響を及ぼしています。

本章では、私たちが学校教育のどんな影響を受けてきたのかを掘り下げながら、私たちに染みついている呪縛を解き放つヒントを見つけていきます。

## 呪縛その❶ 教育とは学校の先生から教わること

「教育を受ける」という表現をよく耳にします。

「教育は受けるもの」であり、それはとりもなおさず、学校の先生から教わることだ、という固定観念は広く定着しています。文部科学省が「アクティブ・ラーニング」を声高に叫ぶようになった現在でさえも、日本の古い学校教育を受けてきた世代は、「教育を受ける＝先生に教わる」というイメージが、極めて強く、深い呪縛となっています。

決して教わることが悪いとは言いません。しかし、教わらないとできないという誤解が蔓延しています。「教わらないと勉強ができない」という考え方です。

学習＝やらされるものであり、それ以外は何をやったらよいのかわからない、という受け身の姿勢になってしまいます。振り返ってみて、自分にも思い当たる点はありませんか？

teach（教える）という動詞にeeがつくと、teachee、「受け身で教わる人」という意味になります。まさに私たちが受けてきた学校教育はteacheeをたくさん生み出しているのです。そして、その負の遺産を大人になっても心の中に抱え、そして自分の子どもたちに受け継がせてしまっているのです。

## 先生は年長者

日本では、学校の先生は子どもたちよりも年上で、「年上の人が教える」というモデルが存在しています。構造上、教員免許は基本的に二二歳の四年生大学卒業で取得できる仕組みになっているので必然的に仕方のないことですが、これは何歳になっても学べるという認識を疎外しているのではないかと思います。

例外はありますが、実は通信教育や社会人教育でもその傾向は残っています。この構造が年下の人からは教わることはないという思考を私たちに植えつけ、年上の人たちの学ぶ意欲を下げているように思います。そして、何歳になっても学べる、学んでもよいという認識を持たない一つの理由となっているのではないでしょうか。

私は二〇二一年四月に「調和塾」を立ち上げました。これは年下の人から年上の人が学ぶという構造にしています。発表するのは基本的に高校生や大学生、若手社会人で、参加者の年齢は三〇代から六〇代の人がほとんどです。

現代社会の最先端、時代の先頭を歩いている若い世代からその体験を聞くということに、大きな学びがあります。大人が社会認識をアップデートしていく、そして大人が持っている経験や知識、人脈、お金を若い世代に提供する、応援する、サポートする。そういったサイクルをもっと広めていきたいと思ってます。

## 呪縛その❷ 学校に通うことが学ぶこと

日本の小中学校はほとんど落第がありません。病気などによって、学年が遅れることは例外的にありますが、小中学校はほぼ一〇〇%、高校の場合にも、所定の日数を通えば卒業できる可能性が極めて高いのが実状です。

また今の日本の学校は、不登校であってもなんらかの形で校長が卒業認定をすれば通わなくても卒業させてしまいます。そのため、小学校で学ぶべきことを学ばなくても中学校に入学できます。しかし小学校で学ぶべきことを学んでいないので、中学校の勉強についていけずに授業がわからない。そうすると中学生はほとんど不登校になる。でも校長が中学校卒業のハンコを押せば卒業したことになる……。本当にこれでは何を保証しているのかわかりませんね。

また、ある通信制の高校では「レポート提出」という形での授業がほとんどでした。これは本当に驚きました。教科書の記述を右から左に穴埋めで移し、たとえ何も理解していなかったとしてもレポートが仕上がる形式になっています。ほぼ自動的に一〇〇点満点になるテストで成績がつけられ、5がつき、これで卒業できてしまいます。考えもしなければ、記憶もしない。形の上での高校卒業資格は得られますが、ここまで形骸化していたのかと驚愕しました。

また、今は大学においても実際のところ、出席していなくても単位を簡単にあげ、卒業させてしまいます。私が教鞭をとっている京都芸術大学では単位を落として留年する学生がいますが、留年する学生が極めて少ない大学では、あまり質の高くないレポートでも単位を与えて、卒業させているのではないかと推察されます。

そのような面で考えると、慶應義塾大学の通信教育課程など、卒業率の低い学校は品質保証という意味ではとても高いと言えるでしょう。


学校に通ったら卒業したことになり、それなりの力がついたことになってしまう。でも実際は学校を卒業したときに身についているはずの能力が身についていない……。

文科省の文言通り、「大学卒業」という言葉を考えたときに胸を張れる大学は、本当に一握りかと思います。そうした歴史の中で私たちは生きてきたのです。

学校中心の教育を受けていると、どの学校に入るかということが目的になってしまいがちです。そのため、「本意ではない」学校に進んだときに、思わぬ罠に陥りやすくなります。自分がやりたいことがはっきりとしないまま学生生活を送り、その後の進路を決めるときにも何をやりたいのかがわからなくなる。こうした学生は今も多く見かけます。

また、振り返ってみて「あのときから自分の人生は狂ってしまった」と嘆く人は少なくありません。努力の末に、「本意」だった第一志望校に進んでも、学校にさえ行けばなんとかなるという考えであれば、入学したあとに同じような罠にかかってしまうのです。

## 呪縛その❸ 見えない「義務」を守り続けよ

小学校五年生の子に、「義務教育という言葉知っている？　どういう意味？」と聞きました。すると、その子は「学校に行かなければならないこと」と答えました。そう思っている子どもは少なくありません。そして親も、子どもは学校に行かなければならないと誤解しています。

憲法上、親権者が子どもを就学させなければならないという義務は確かに設けられています。就学義務というのは親が子どもを学校に行かせなければならないという義務なのです。決して子どもが義務感をいだいて通う必要はないのです。子どもにあるのは、義務ではなく、教育を受ける権利です。

本来の学習の権利を前面に押し出すべきです。すべての子どもに学習する権利があり、学校や地域社会、企業や国がそれを擁護し、才能を発揮させ得る仕組みを整えなければならないのです。

教育に熱心すぎると過干渉になる。教育ママ、教育虐待、という言葉がありますが、親がしゃかりきになりすぎて、この受験に失敗したらこの子の人生は失敗だわ、と思い込んでいます。人生一〇〇年時代において、一二歳時点で志望する中学校に合格しなかったことなど決して大した問題ではありません。でも、これまで植えつけられてきたイメージ、不安感からくる思い込みによって、親たちは子どもについ勉強を強制してしまうのです。

そうすると、勉強しないといけないという子どもの義務感が増幅し、親の期待に応えなければと、子どもは自分らしさを失ってしまいます。結果、自分のやりたいことが見えなくなってしまい、高校、大学、就職とレールの上の人生を歩んでしまうのです。

勉強は辛いこと、楽しくないこと、という思いに囚われながら過ごす人生。とてもさみしいことですよね。

二〇一六年に成立した教育機会確保法は、不登校などさまざまな理由で十分な義務教育を受けられなかった子どもたちに、教育機会を確保するためのもので、二〇一七年に施行されました。地域の学校が合わなければ、無理矢理、通わせなければならない、ということはないのです。

とはいえ、フリースクールやオルタナティブスクールは大都市圏に偏在しています。それ以外の地方でも、教育機会の選択肢を増やしていくことが求められます。

一方で、学校に通わせるまでが親の義務だとはき違えて、そこから先は無責任になるケースもあります。過放任（ネグレクト）です。教育に対して興味がなく、学校に丸投げしています。そんな親が、子どもが問題を起こしたときに言うのが、「うちの子に限って」です。自分の子どもに対する理解、家庭でのコミュニケーションが少なすぎると、いろいろなことを知らないという事態に陥るのです。親が子どもに対して、関心を持つということはとても大事なことです。

学校で教わらなくても道具やツールの進化によって「学ぶ」ことが簡単にできる社会

になりました。そんな中で、学校に行かなければならない、だから勉強が嫌いになるということは本当に問題なのです。

## 呪縛その❹　遊ぶのは悪いこと

私が担当している子育てコーチング講座で、最も多い相談がこのパターンです。

「うちの子がゲームばかりやっていて、ちっとも勉強をしないんです」

その方に質問しました。

「で、お子さんはどのゲームのどんな部分に夢中になっているのですか？」

すると、返ってくる答えは、「さあ」「よくわかりません」「そこまではちょっと」。

ゲームも子どもにとっては学びの場です。子どもがゲームに夢中になっていることを把握しているわけですから、親にとってはさらに一歩進めてみるチャンスなのです。

「僕がこんなに大好きなゲームを、あの人はわかってくれない。わかろうともしてくれない」と子どもが感じたら、そこに親子の断絶が生じます。

「なぜそのゲームを選んだのか？　どこが楽しいのか？　どんなことに工夫しているのか？　ぜひ、ヒーローインタビューをやってみてください」

そうアドバイスしました。

同じRPG（ロールプレイングゲーム）をプレイしていても、喜びを感じるポイントは多様で、コツコツレベルを上げることが楽しい子、短時間に集中してステージをクリアするのが楽しい子、パーティのメンバーと対話するのが楽しい子、などさまざまな楽しみ方があります。登場人物の装備やファッションに興味のある子もいれば、背景の映像や音楽に関心を持つ子もいます。人気ゲームの「マインクラフト」などでは、大きな構造に興味があるのか、細部にこだわるかなど個性が表れます。

さっそく観察と質問を実践した親御さんは、翌週にはゲームのことだけでなく、学校のことや友だちのことも話してくれるようになった、と報告してくださいました。

人は自分の気持ちをわかってくれる人にはコミュニケーションをとろうとしますが、自分のことに関心がないとわかった途端、必要最低限の事務連絡しか行いたくなくなります。

多くの児童・生徒に対して授業をすることが本分だと考えている学校の先生方に、一人ひとりの子どもの状況を把握していただけると過剰な期待を持つことは非現実的です。いじめに気づける先生は本当に勘のいい先生で、陰湿ないじめにはほとんど気づく余裕がないのが今の学校の実情です。学校に過度に期待し、頼っても無理なことなのです。親が子どもを観察できる時間は、先生が子どもを見る時間よりもはるかに長いわけです。子どもの生命を守る責任は親にあります。

## 呪縛その❺ 正解がある

腕試しに、ひとつテストをしてみましょう。紙を一枚と筆記用具を用意して、チャレンジしてみてください。

問い

- 正方形を同じ形、同じ面積に四等分する方法は全部で何通りあるでしょうか。

さて「何通り」とお答えになったでしょうか？

一通り、二通り、三通り、四通り、五通りと答えた方。ひょっとすると「これは不可能だ。〇通り」と答えた方もいらっしゃるかもしれません。

左が答えの代表的なサンプルです。

このように「田の字」型にしたり、直角二等辺三角形をつくったり、縦横に分けたりすることで四等分をつくることが可能ですね。しかし正解は、これだけではありません。

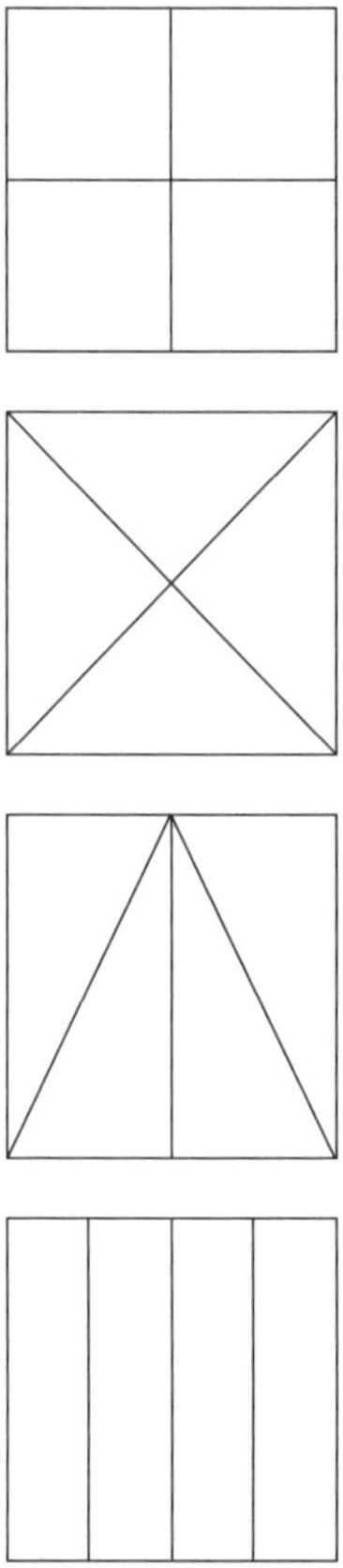

たとえば、次のページの上の図を見てください。縦に二等分した長方形に斜辺を引いて四等分していますが、この斜辺、始まりの位置と終わりの位置は、ここでなくてもよ

いのではないでしょうか？　曲線切りでもよいのではないでしょうか？　このように考えると、答えは無数にあることがわかります。

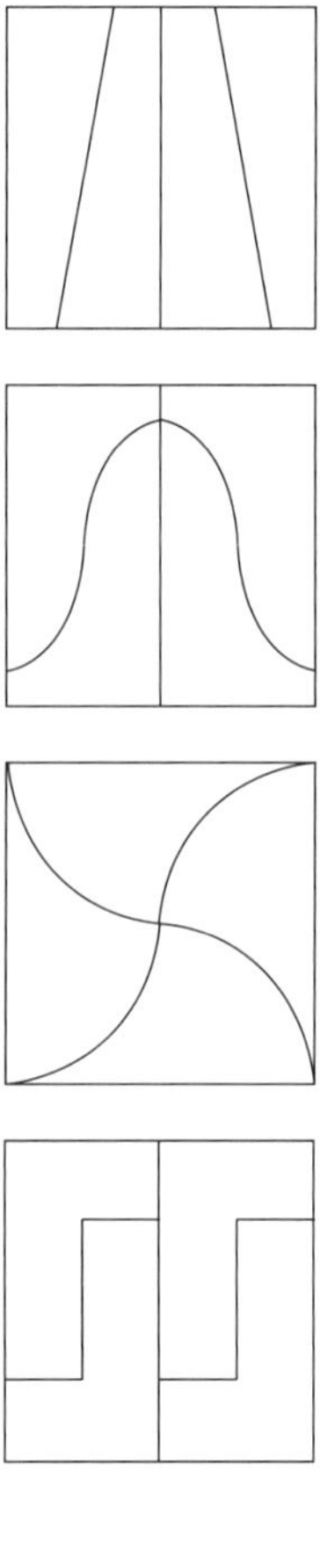

冒頭の質問文では「何通りあるでしょうか？」などという聞き方をしました。これが発想力、創造力を抑制してしまう「罠」だったのです。こう聞かれてしまうと「三通り？いや四通り」などという「正解らしい解」を求めようとしてしまったのではないでしょうか？　問いの立て方が悪いと、創造力を抑制してしまうのです。

今回は図形のパズルでしたが、どんな課題を出されたときでも、「無限」を大前提にして取り組むことが、柔軟な発想力を育てる秘訣と言えるでしょう。

「教育」の世界で用いられる〇×式や選択式といった形をとるテストでは、正解は一つに決まっています。

たとえば、「〇肉〇食」の中の、〇に当てはまる文字を埋めよ、という四字熟語の問題。ここで、「焼肉定食」「牛肉生食」と答えたら不正解にされた、という笑い話がありますね。そう、正解となるのは「弱肉強食」だけです。採点者の意図する答えと合致していないと、試験では得点がもらえないのです。この考え方は、学校の外にも浸透していて、書店には入学試験対策本や採用面接のコツなどを解説する本があふれています。

はたして、これらの本を読み込むことによって、VUCA（変動的で不確実で複雑で曖昧な）の時代の「生きる力」はつくでしょうか？

もちろんペーパーテストの上での得点は上がりますし、特定の場面で上手に切り抜けるテクニックは獲得できるかもしれません。しかし長い目で見ると、やはり「付け焼き刃」の感は否めません。現実の世界では、問題に対する正解は一つではないからです。

たとえば会社の中で営業の企画を検討する場合、採否の基準は一つではありません。アイデアのユニークさで決まる場合もあれば、コストの安さで決まる場合もあります。同じ案でもプレゼンテーションの巧拙によって却下になることも、採用になることもあります。

とすると、こうした場面で求められる能力は、あらかじめ決められた正解に「合わせる」ことではなく、多くの選択肢を「創出し、提示する力」なのです。

学習学の世界では、こうした能力を伸ばすことを重視します。採点者にマルをつけてもらえそうな答えを出す力ではなく、自分が読み取った世の中の事象や、自分の内部にある思いをフル活用して多くのアイデアを出す力が決め手となるでしょう。

## 呪縛その❻ 学校の成績がすべて

試験でよい成績を取ることが人生の目標になってしまう。気づかないうちにそんな思考になってしまう児童・生徒・学生、そして保護者は少なくありません。これもまた、学校がすべてという狭い思考に陥っている証です。ひょっとすると、教師こそが、最もこの陥穽にはまっているかもしれません。

実は、正解が存在するのは学校の中だけなのですが、そのことに気づかないまま社会に出ると、何が正しいのかわからなくなってしまいます。コロナ対策、景気対策、外交、安全保障、マーケティング、商品開発……。社会には、普遍的な正解なんてないわけです。にもかかわらず、学校の中には常に出題者が用意した正解があり、それに合致する人が優秀と評価されてきました。優等生とは、他者の設定した基準に合わせる能力の高さだったのです。

けれども、自分の生き方に関しては、どうでしょう？　それも他者の設定した基準に合わせるのですか？　自分なりの基準に照らして、自分が納得できるかどうかが最も重要なのではありませんか？

試験で評価されること、他者から高い評価を受けることがいちばん大事、といった判断基準は実は、学校だけでなく、広く社会に蔓延しています。

人柄がとてもよくて気持ちがやさしく、誰かを助けてあげる子。学校の成績はあまりよくないけれど本当に親切な子。細かい作業をコツコツ続けられる子。そんな子どもたちの素晴らしさを適切に評価する仕組みは、現在の学校教育にはありません。

正解のある試験で評価されることが得意な子は「あの子はできる子」と言われ、社会で優遇されてきました。しかし、手先が器用とか、絵を描くのが得意だとか、おじいちゃんおばあちゃんの話がよくわかるとか、そんな子どもたちは、学校で必ずしも評価されてこなかったのです。そして、その考え方は、社会に出てからも見えない呪縛となって心の中に残っています。正しいか、間違っているか。二項対立にとらわれてしまいがちなのは、そのためです。新しい選択肢は生まれず、思考停止に陥ってしまい、感情的な対立だけが繰り返される状況が、私たちの周りにあふれています。

## 呪縛その❼ 教わっていないことを使ってはいけない

漢字の書き取りで習ってない漢字を使ったら、ひらがなで書きなさいと先生に指導されることがあります。塾や公文式や、eラーニングで先に習っている子は、小学校の流水算などを解く場合にもxを使って方程式を解きたい。でもそれは小学校五年生では習っていないので使ってはいけませんと言われることがあります。

これは、大げさに言えば、人類が生み出してきた叡智を否定しているようなものです。それを使ってはいけないというのは、時代に逆行することです。

みんなが同じ土俵でその試験を受けないと不公平だ、という考え方もあります。しかし、不公平なことはそもそも世の中に最初からいっぱい存在しています。すべての条件を揃えるのはあり得ないのが前提なわけですから、教えていないことを使ってはいけないということは理不尽です。

一時期、運動会の徒競走で四人全員が手をつないでスタートして同時にゴールインをするというのが流行りました。そもそも人はそれぞれ違うので走る速さも違います。なのに、少しみんなより足が速かったらみんなと合わせなければいけない、というのは妙な話です。でも、みんなより少しお勉強ができたらペースを合わせなくてはいけない。みんな同じペースで勉強しないといけないのです。

髪の色が違ったら黒く染めないといけない、もともと天然パーマの子には天然パーマ証明書を書け等々、みんなが同じということが平等であるという前提の下でのルールです。それは、それ以前に、競争を教育活動の絶対的な大前提としているからです。だから、スタートラインや競争条件を揃えることに過剰なエネルギーが使われます。

その前提をまず疑う必要があります。そもそも人は多様な存在なのですから、異なる個性を尊重することこそ大切です。競争原理が悪いわけではありませんが、これを外すことで、百花繚乱の個性化が可能になります。

## 呪縛その❽ 教科がすべて

今は国語、算数、社会、理科、英語といった教科ごとの縦割りの構造になっています。一九九二年、小学校一、二年生に新しく生活科というのができました。これは教科が変更された数少ない事例の一つです。しかし、教科の枠組みそのものは変わっていません。

ゆとり教育を推進した寺脇研さんは、官僚のとき、ミスター文科省と言われていて、「総合学習」というものを導入しました。これはたいへんよいことだったと思います。私たちが生きている社会を学習するというのはすべてが総合学習だと言えますから。

そもそも、教科の縦割りは、教える側の都合によるものです。何か一つの分野に専門特化して一つの教科書を使って他のことは気にしない、このことだけに自分は責任を持って教えるんだ、と自分の役割を限定したら、教えるほうは楽ですよね。

けれども、実はこの教科の垣根を越えた部分、あるいは、重なり合う部分にこそむしろ、大事なことがあるものです。たとえば、ダイエット一つとっても、栄養学だけでなく生物学の知識も必要です。タンパク質と炭水化物と脂肪と合わせて何カロリーと計算する。そうすると生物学と数学の接点が必要になってきます。

先生同士が協力して、お互いの授業内容を教えてあげたら、生徒にとって、とても親切なのに、そういう交流は一切ありません。

漢文が嫌いな高校生もたくさんいます。そもそも入試で出題されないからと、漢文を教えない高校も結構増えているわけですけれども、漢文が嫌いになる一つの理由は返り点を打ったり、再読文字があったりしてややこしいというものです。

これはおそらく、なぜ返り点を打つのかという説明を聞いたことがないからではないでしょうか？　日本語と中国語では主語、述語、目的語の語順が違います。中国語では、我愛你、英語では I love you. ですから、同じ語順です。だから英語圏の人は返り点を打たない。日本語と韓国語は打ちます。これを漢文の先生と英語の先生が情報共有したら、漢文の先生は、だいぶ楽になると思うのですが、そういう教科の垣根を越えて行う授業というものは極めて少ない。だいたい、英語の先生は漢文が苦手で、漢文の先生は英語が苦手だったりするので、教科の交流が全然ありません。

昔、英語で読む中国古典というワークショップを試験的に行ってみました。『大学』という書物の中には「物有本末」（物に本末あり）という有名な言葉が出てきます。「有（あり）」という動詞の意味は英語で言うと have なので、Things have roots and branches.（物事には根本と枝葉がある）だと思うと本当にわかりやすいのですが、漢文のときには習いません。

ちょっと漢文ができるようになったら半分は英語に直して、それについてアクティブ・ラーニングしたらとても面白い漢文の授業になります。Everything has basics and applications.（あらゆることには基礎と応用がある）と訳すのはどうだろうか、などとディスカッションしたら、さらに理解が深まるでしょう。

この教科の垣根を越えた交流がもっとあれば、いろんなことができるのではないでしょうか。リベラルアーツの学びは、もっと総合的であってほしいと願っています。

## 呪縛その❾　教科書という「過去のこと」を大事にする

基本的に教科書に書かれているのは過去のことです。だいたい、教科書をつくるのに三年かかります。文科省に申請してから執筆し、提出し、検定意見を聞いて再修正などをして検定に合格し、印刷そして全国に配るまで、最低三年かかるのです。社会の変化がゆっくりな時代には誤差の範囲でしたが、変化の速い現代にあっては、三年という時間は「ひと昔」より長いかもしれません。

科学技術も世界の政治・経済も劇的に変わっています。過去の常識が現代に生きる我々にとって役に立つ割合が下がっています。逆に過去の常識が足をひっぱることもあるでしょう。

昔はこれくらいのことを言ってもセクハラにならなかった。しかし今は性差別になる、年齢、人種差別になるということがいっぱいあります。あるいは、日本は経済大国だという思い込みが、経営者の経営方針を誤らせているということもあります。

人間の記憶には、過去の記憶、「残像」が残ります。過去の成功体験から脱却できない経営者がいっぱいいます。過去のケースを学ぶのは大事で、参考にはなるけれど、それを金科玉条のごとく守り、更新しないでいると、判断を誤ることになるのです。


また、今までの教育は圧倒的に文字情報中心の学習スタイルだったことも教科書を大事にしすぎることにつながっています。これは学校が普及したときのテクノロジーに由来しています。タブレットもコンピュータもなく、紙での学習がすべてでした。

日本の江戸時代の寺子屋では活版印刷ではなく、手書きの版を刷り教科書がつくられていました。明治時代になっても、文字情報中心の授業が行われるようになりました。

教科書というものが主な情報源で、文字情報中心の紙ベースの情報、また試験は紙と鉛筆によって行われる、というように、学校教育は圧倒的に文字を中心に成り立っていました。そして、デジタルなどのテクノロジーが進化している現在になっても、ほとんどの学校で紙ベースの文字情報中心授業、そして試験が行われているのです。

いまだに試験と言えば、マルチプルチョイスの問題を与えられ、選択肢を選んで答える、短答式・記述式で答えるというのがほとんどです。大学入学共通テストも基本は紙ベースです。ほとんど文字情報中心で行われています。

人間には人によって異なる「学習スタイル」があります。そのため、文字情報を処理するのが得意な人には非常に向いている制度ですが、それ以外の能力を持っている人がこの学校制度に不適合を起こすのは極めて自然なことだと思います。

アカデミックな業績も、論文という文字情報に依拠したものでしか評価されない、というのも時代錯誤的です。音楽や映像、VR、AR、CGなど、論文以外の業績も、学術的に評価する仕組みが整備される必要があります。

## 呪縛その⑩ 得意科目の延長線上で進路を選択する

進路を決めるときに、自分は英語の成績がよかったから英文科、公民の成績がよかったから法学部に行くといった選択をしがちです。教科の延長線上に進路を考える高校生が非常に多い。しかし、実社会はすべて総合学習の範囲ですから、中学高校のときに得意だった科目だけを基準に考えて選択すると、社会人になるときの進路を狭めてしまうということが起こり得ます。

また教科学習がもっとキャリア教育と結びつく必要もあります。現状では、学校で習った知識がどのように将来に活かされるのかがわかりません。たとえば、等比級数の和の公式は、高校を卒業していれば知っているはずなのに答えられない人がほとんどです。授業のときに、何の役に立つのかわからずに勉強していたからではないでしょうか？

金利〇・一％の違いが三五年ローンでこんな違いになるのかというのを認識しながら勉強していたらもっと違っていたかもしれない。でも高校生のときに自分が住宅ローンを持つ可能性なんて、考えもしないですよね。

教科教育と実社会生活を結びつけることが非常に重要です。知識は持っているけれど、社会での応用、活用ができないということになってしまわないように。

学校の先生が自営業経験や会社員経験、企業経営経験を持っておらず、学校という閉じた空間の中で教え、評価をする中では、なかなか難しいかもしれない。だからこそ、教科教育と実社会をいかに結びつけるのかが、ポイントになってきます。

## 呪縛その⓫ 階級社会で濫用される「評価」

日本の学校教育では、非常に偏った評価基準で序列がつけられています。ランキングをつけるために教育制度が濫用されているとさえ言えるかもしれません。

学校間では、進学校と底辺校、一流とFラン、学校内でも特進コースと普通コースなど、恣意的な尺度に基づく序列がつけられることが珍しくありません。個々の教育機関や個人の「特徴」は捨象されて、ただ一つの物差しで順位がつけられ、ときには「問題児」「発達障害」といったレッテルが貼られます。大阪市立大学小学校校長の木村泰子先生は、著書『ふつうの子なんて、どこにもいない』(家の光協会)の中で、インクルージョンの重要性を強調していますが、総合力ではなく、人間の持っている多面的な能力の中で偏った部分の評価基準で比較が行われているのが現状なのです。その結果、間違った優越感や本来持つ必要のない劣等感を味わうことになるのです。

従来型の学校で珍重されてきた評価基準は、だいたい一時間から二時間の間に、記憶した知識を思い出して、与えられた設問に解答する。その答えは、数字と文字ベースの情報がほとんどだったのではないでしょうか？　より長い時間をかけてじっくりと取り組んだ成果や当意即妙のコメント力、今までにないものを生み出すクリエイティブな能力などは、多くの学校で適切に評価されてこなかったと感じます。

そして、限られた指標で比較される場面が非常に多い。偏差値というのは理論上、半数の人が偏差値五〇以下になります。これはそれだけで学習意欲を下げてしまう困った仕組みです。また、偏差値は日本でしか通用しません。偏差値が七五であろうと世界では全く意味がありません。しかも、私立大学の一般入試が数回行われている今、予備校の発表する偏差値がどこまで信頼性のある数値なのかは疑問です。

もともと限定的な意味しか持たなかったものが、グローバルな社会の中で、ますますその意味を失っている、にもかかわらず、それが学習意欲を下げる最大の原因になっているとしたら、なんとももったいないことです。

## 呪縛その⑫ 全国一律同じメニュー

学校教育は、基本、全国一律同じメニューで行われています。

どの教科書を使うとか、先生によって多少味が違ったりしますが、学習指導要領に準拠した教育をやっているということは、同じメニューで行われている、ということです。

学習指導要領に基づいて教育を行うことは常識とされていますが、はたしてそうなのでしょうか？　子どもたちはみんな違う上に先生もそれぞれ違います。それにもかかわらず、全員が同じことをやれというのはあまりにも偏った話なのではないでしょうか？

全国一律同じメニュー、今年も来年も同じというパターンから、そろそろ脱却するときではないでしょうか。結果的に、より地域性を反映したメニュー、季節感あふれる素材、さらに言えばお客さんのニーズに合わせた料理を出すことが必要になると思います。

個別最適な学び、という素晴らしい方針に向けて、より多様なカリキュラム、学び方が開発され、広まっていくことを期待します。

## 呪縛その⑬ 休んではいけない

学校では休むことは奨励されません。休むべきではない、休まないことが望ましい、という価値観で運営されています。今は、減ったと言われていますが、「皆勤賞」が尊ばれたのは、まさにその象徴です。逆に「不登校」「登校拒否」は、汚名とされ、スティグマ（不名誉な烙印）が付けられます。

休まずに学校に出席することが尊重される背景には、学習と労働を同一視する発想があるのではないでしょうか？

一般的な会社では、労働者と雇用者の間に雇用契約があり、労働者は労働時間を提供する対価として報酬を受け取る、という仕組みが普及しています。時給○○円というのは、まさにその発想で、働かずに報酬が発生すると「不労所得」と呼ばれます。

しかし、学校と児童・生徒・学生の間に雇用契約はありません。それなのに、出席日数が不足するとその学校を卒業できない、卒業させない、という仕組みがいまだに残っています。当該学年・学校の授業内容を完全に理解していたとしても、です。

それは、学校が教師のために存在していて、教師が雇用契約で縛られているのだから、児童・生徒・学生も縛られて当然、という錯覚があるものと推認されます。

しかも、ほとんどの教科が一斉授業の形で行われている状況では、欠席すると「授業に遅れる」「ついていけない」という不安が学習者側に発生します。前提条件となる知識が不足すると、次以降の単元の内容が理解できないということはままあるでしょう。

二一世紀になって、非同期のeラーニングがこれだけ広まってきたにもかかわらず、教育側の頭の中に、あるいは、親・保護者の脳裏には、過去の残像が残っているように感じます。

けれども、欠席したら、その分は自分の時間に自分のペースで補えばよいだけのことです。「個別最適の学び」をうたうようになったのですから、一人ひとりの健康状況や学習速度のばらつきに対応した教育環境を提供することが学校の役割のはずです。

「休まないことが望ましい」という固定観念を若い頃に植えつけられた人が組織の管理職を占めていると、部下が有給休暇を取ること、育児休暇を取ることに、消極的な姿勢を示します。会社側は、働き方改革のかけ声の下、「有休消化率を高めること、男性の育児休暇（＝育業）の取得率を高めること」を奨励しているにもかかわらず、「心理的に取りにくい」状況が全国各地で発生しているのは、こういうところからきているのではないでしょうか。

学習学の立場から、声を大にして言いたいです。

人間にとって、休むことは必要なこと、本当に大切なことです。心身が疲れ果てて、「燃え尽き症候群」などと呼ばれる状況に陥るのは、休み方を学んでこなかった証です。教育者側の都合や発想にとらわれて染みついた、「休んではいけない」という思い込みを手放し、健康な休み方を学び、学び合っていきたいものです。

## 呪縛その⓮ 問題は一人で解決することが正しい

学校では一人で試験問題に取り組み、解答するのがルールです。もし、試験時間中に隣の生徒に「この問題わからないから、教えて」と頼んだら、当然のことながらカンニングと見なされます。その試験は0点となり、最悪の場合は退学させられることもあります。

しかし、実際に社会へ出てみると一人で完結している仕事はほとんどありません。問題を一人で解決しなければならない状況というは極めて少なく、他の人との関わり、誰かとのチームワーク、グループワークの中で回っている仕事が圧倒的に多いのです。

でも学校は基本的に一人で問題に取り組み、答えを見つけるところに重点を置きます。グループワーク、チームワーク、プロジェクトベースド・ラーニングといったアクティブ・ラーニング系の勉強が増えてはきましたが、総時間数に占める割合から考えるとまだまだ少ないのが現状です。多くの学校では、勉強はまだ個人競技なのです。

個人の能力を伸ばすことも大事ですが、問題を一人で解決しなければいけないという思い込みが蔓延すると、社会人になってからも、困っても一人でなんとか対処しようとしてしまいます。仕事の中で行き詰まることがある、営業成績が上がらないことがある、子育てでどうしようかと困ったり悩んだりすることがある。これを一人で抱え込んで、苦しみ、メンタルヘルスが低下してダウンしてしまうのです。

直接的な理由は、営業不振かもしれないし、子どもが泣くということかもしれません。しかし、「一人で抱え込む」ということ自体が、その問題を悪化させているのではないでしょうか？　問題を一人で抱え込んでしまう悪い癖が高じると、最悪の場合は自ら命を絶ってしまうということさえあり得ます。

問題を一人で抱え込まなくてよいのです。一人で抱え込んでいると苦しいけれど、誰かに吐き出すと、楽になります。多くの場合、人生で遭遇する悩みはその人だけの問題ではなくて、他の誰かも同じような問題を抱えているものです。それを共有して、相談していい。それは恥ずかしいことでもなんでもなくて、みんなで知恵を出し合って解決していくもの。そうやってこれまで人類は社会を営み、発展してきたのだから――この当たり前のことを当たり前にしていかなければなりません。

## 呪縛その⑮ 先生が同じ授業を何回もする

中学校や高校の先生が忙しい理由の大きな一つが、一日に四回も五回も同じ授業をすることです。今も当たり前のように行われていますが、非常に非合理的なことです。同じ内容の授業をやるのであれば、先生の中でいちばん腕のいい人を選んで、その人の授業を全国で同時に生中継したほうがいいのではないでしょうか？

普通の先生が吉本の芸人さんのように面白く、話ができるでしょうか？　しかし、吉本の芸人さんなら一夜漬けでコンテンツを仕込んで、五〇分くらいの面白い授業をすることはできます。実際にオリエンタルラジオの中田敦彦さんがYouTubeで授業している動画がものすごい再生回数を獲得しています。もはや普通の先生の面白くない授業を、子どもたちが延々と受けさせられるという必然性はそこには存在しません。

予備校業界では、県庁所在地の国立大学に入ることを目標にしている中堅予備校が次々と潰れて、大手予備校の傘下に入るか、個別指導塾になるか、二極分化しています。名物講師を擁する大手の大教室モデル（衛星予備校を含む）と、個別指導塾が生き残り、真ん中の県庁所在地の中堅予備校の中教室モデルが淘汰されているのです。

ところが、普通の学校では、この淘汰されてしまった中教室モデルがいまだに行われているというのが、今の日本教育のメインストリームです。競争力のないことをやっているわけです。しかも、ＧＩＧＡスクール構想の実現で、全国すべての小中学生にはタブレットやノートパソコンが配布されたのに、旧態依然たる一斉授業が行われていることには慨嘆せざるを得ません。

そもそも時間割は何のためにあるのかというと、すべての学校で全教科の先生をフルタイムで雇用するためです。フルタイムで雇用すると、その人の勤務スケジュールをきちんと決めなければなりません。昔はテクノロジーがなかったので、先生が毎回授業するというのは当たり前でした。しかし現代はテクノロジーが発達してきて、先生は授業を録画し、生徒はビデオを見て学習するということもできるわけです。

その面で考えると、テクノロジーがない時代の古い慣習がいまだに続いているということがわかります。子どもたちも一時間目が物理、二時間目が漢文、三時間目が数学で、と何の脈絡もないことを一〇分休みで頭を切り替えて学習しないといけません。子どもたちは当たり前のことだと思っているかもしれませんが、とても不自然なことです。

江戸時代の寺子屋には時間割は存在しませんでした。最初から寺子屋の子どもは個別指導で、この子は読み書きを勉強するからこの教科書を使う、この子は商売のやり方を勉強するから大福帳のつけ方、この子は農業に従事するから暦の読み方など、年齢ではなく個人の能力とニーズに合わせて行われていました。

江戸時代の寺子屋は全国各地に存在していましたが、これらは幕府が決めた方針ではなく、民間の自主的な取り組みによるものでした。しかし寺子屋が広く普及したことで、日本の識字率は、世界最高水準となったのです。国の補助金もない中で民間のイニシアティブにより、これだけの功績を残せたということは、非常にすごいことだと思いますし、現代社会にも示唆的です。文部科学省に頼らなくても、教育改革は実現できるのです。

公設民営の塾であるとか、公共施設やお寺を借りる、子ども食堂と共同するといった新しい形の学びの場が、全国各地に増えています。そうしたところでは、先生がティーチングするのではなくて、子どもが自らラーニングするのが中心です。寺子屋長の先生方は全国一律のメニューではなくて、地域特性を活かし、一人ひとりの子どもの個性を活かしてコーチングする形式です。

## 呪縛その⑯　知識の保有が幅を利かせる

昔は、物知りであること、知識を豊富に持っていることが、とても大事であったかもしれません。クイズ王や東大王といった番組は、個人の内側に蓄積された知識量とそれを引き出すスピードで勝負しています。こうした能力も素晴らしいことですが、今やどんなに優秀な人間も、GoogleやWikipediaやＡＩにはかないません。これからの時代は、人間単体の能力だけではなくて「人間＋道具の能力」を考えるべきです。

現代社会で、計算するときに、すべて暗算で行う人、紙を用いた筆算やそろばんを使っている人は少数派でしょう。電卓やエクセルを使うのが当たり前です。戦争は肉体だけの能力ではなく、銃やミサイル、戦車、飛行機などの軍事力をも含めた総合力によって戦っています。ところが、今の学校教育では、そうした道具を使うことは極力禁じられて、人間単体の力が重視されています。しかし、むしろ現代に必要な教育は「人間単体の能力＋道具を使う能力」ではないでしょうか。

二〇二一年に、産業能率大学が入学試験にスマホの持ち込みを許可したとして大きな話題になりました。これは大きなブレイクスルーだと思います。

そもそも、自分の中に蓄積されている、データーベースの知識のみでテストするということは今の時代に非現実的だと思っています。また先日、テレビのクイズ番組でスマホを使って検索してよいルールの番組があり、これはよい傾向だと感じました。

中途半端な知識を内側に溜め込んでいる人よりも、スマホを使って素早く情報を検索できる人のほうがこれからの時代、役に立つのは間違いないでしょう。

ディバイスはどんどん進化しているので、人間側が最新学習歴を更新して道具との付き合い方をもっと進化させていく必要はあります。人間単体の能力を試すのではなく、いかに正確な情報を手に入れることができるのかを考えたほうがよいでしょう。

失敗学の畑村洋太郎先生によると、「農業と工業では進化の速度が全然違う」というお話があります。それはなぜか？　実験と失敗の数が違うからだというのです。

たとえば日本の米づくりには、二五〇〇年から三〇〇〇年の歴史があると言われています。しかし、言い換えれば、三〇〇〇シーズン分の実験の蓄積しかない、ということです。多くの地域ではお米は年に一回しか穫れません。そのため三〇〇〇シーズンの経験の蓄積しか存在しない。

でも工業の場合、たとえば一人のエンジニアがものづくりでちょっと工夫して、材料の配合を変えたり、触媒の投入量を変えたり、金属の温度を少し変えてみたり、三〇〇〇パターンぐらいであれば、ひょっとすると一日でできます。

だから工業はイノベーションが速い、農業は遅い。

このようなことを畑村洋太郎先生が書かれていて、なるほどなと思った次の瞬間、ぞっとしたわけです。

今の学校教育では、三年間かけて六年間の新カリキュラムを構成しますが、その効果が表れるのは高校三年生で卒業したときではなく、もっとあとだったりするわけです。

考えてみると、カリキュラムが実社会に出たときにどのくらい役に立ったのかは、やってみないとわかりません。この効果を検証できるのはもっと先のことです。

文科省が学習指導要領を全国的に一律に定め、全国どの学校も基本的に学年でやることを定めるのは実験の数を抑制する、とても不合理な方針を続けていると言えます。

むしろこれだけはやらないということを決めて、あとはそれぞれ学校で好き勝手にやってよいと決めたほうが合理的なのではないでしょうか。

## 呪縛その⑰「学び直し」も学校教育流

最近、「学び直し」という言葉をよく見かけるようになりました。ビジネスの世界でも「リスキリング」という言葉が流行っています。時代の変化に合わせたビジネススキルを身につけようという取り組みは盛んになってきています。官民問わず、さまざまな形で「学び直し」が新たな潮流となっていると言えるでしょう。

ところが、この「学び直し」は、大学や大学院、専門学校に行って資格をとる、というような狭い文脈でとらえられがちです。これはまさに、学校で学ぶことが前提になっている考え方です。学校教育の呪縛に囚われていることの表れです。

アンラーニング（Unlearning）という言葉も、徐々に使われるようになってきました。

過去の常識や固定観念から脱却することはとても重要です。蝶の幼虫が脱皮するごとに、大きく成長していくように、これまでの自分の殻を破って、捨てることが大切なのです。

しかし「過去の経験を捨てろ」「捨てなければならない」と命じても、うまくいきません。特に、過去の成功体験からの脱却は至難の業と言えるでしょう。現代の日本社会を見渡してみると、高度経済成長の時代の遺物があちこちに残っているのを感じます。

今まで握りしめてきた道具を手放す必要があることを頭で理解していても、急に素手になってしまうのは不安です。「新しい時代に対応すべき」などと聞くと、かえって、捨てようとしていた知識や経験に固執するような現象も見られます。

学校教育の世界では、アクティブ・ラーニングが叫ばれる一方で、旧来型の受験指導に力を入れる進学校や塾が台頭しました。デジタル化が加速するはずなのに、行政手続きのため、新たな書式に捺印する文書が求められるなど、似たような反動は社会のあちこちで起きています。ですから、アンラーニングと「ニューラーニング（New Learning）」を同時に進めていくことが必要です。

随所で述べているように、時代の変化に伴い、新しく学ぶべきことは、「学び直し」ではなく、「アンラーニングとニューラーニングのセット」というのが、私の提案です。

## 呪縛その⑱「学歴」という呪縛

「最終学歴ではなく最新学習歴を」というお話をすると、時折こんな質問を受けることがあります。

「そもそも四大卒を条件としている会社が多いから、どんなに努力しても学歴の壁は越えられないのではないか？」

これもまさに、戦後の学校教育で知らず知らずに積み重ねられ、私たちの心の中に棲みついた考え方です。考えてみてください。必ずしも四大卒を条件としている会社の経営状態が良好だとは限りません。

確かに、現段階で四大卒を条件にしている会社があるのは事実です。しかしそれを条件としない会社、職種もたくさんあります。米国では、グーグル、ＩＢＭ、アクセンチュアなどが、採用条件から「大卒」を外しました。そういった会社を見つける、あるいは自分でつくることもできます。

私としては最終学歴よりも最新学習歴という世論を喚起することによって、いろいろな公的な資格から四大卒を条件から外すことを目指しています。それに相当する能力を満たしているということを何らかの形で証明することで、形骸化した仕組みを更新していきたいと考えています。

実際、多くの大学院では「四年制大学を卒業しているのと同等の学力があると認められた場合」に入学資格が与えられる仕組みがあります。通常の大学院試験を受験する前に、ある程度の長さの論文を提出する形で、「出願資格事前審査」が行われています。

大卒でなくても大学院に進学できる時代なのです。

第五章◉

# では私たちはどう学習すればよいか
# 実践「学習学」的生き方

## あなたの中に眠っている大きなポテンシャルに気づこう

ここまで、学習という営みの特徴・考え方、現在の学校教育の問題について述べてきました。ここからは、実際の方法――人生一〇〇年時代の学習を実践するには何をすればよいのかを語りたいと思います。

この章では、読者が「学習学的生き方」を今すぐ始められるよう、「問いかけ」る形をとりますが、問いかけには、簡単に答えようとしないでください。「わからないけれど、とりあえずこう答えておこう」ではなく、じっくり思案する姿勢が大切です。問われた内容について自らを振り返り、反芻して、深く考える機会にしていただければと思います。

**問いかけ❶**

- あなたの中には、どんな可能性が眠っているでしょうか。
- あなたが子どもの頃、夢中になったこと、得意だったことは何ですか?

「学習」には二つの側面があると説明しました。

一つは、「develop」、自分の中に眠っている可能性を開花・発揮させるとことです。「開花」とは、「見えなかったものを見えるようにする」こと。人から見えない、ときには自分にも見えていない「未知なる可能性」を見える状態にしていくことです。

学習では、パーソナルな、個別の成果を重視します。学びから何を開花させるかは人それぞれ違います。自分が何をするときに最も充実感を得られるのかを考え、内なるポテンシャルを開花させていくことに集中することです。

**問いかけ❷**

- 今、あなた自身には、どんな変化が起こっていますか?
- あなたの周りには、どのような変化が起こっていますか?
- それらの変化に対して、どう適応していくことが必要だと思いますか?

学習のもう一つの側面は「適応」。環境や時代に合わせて、適応していくことです。

人間は絶えず学習し続けながら生き続けます。つまり学習の営みは一生続くものなので、時代や環境の変化に応じて、学びの内容を変更・改善していくことが大切です。学び続ける営みとは、生きる力を絶え間なくバージョンアップすることなのです。

## ◉自分に合った学習スタイルを見つけよう

では、あらためて自分の特質を見極める作業をしましょう。「問いかけ❶」では、「あなたの中に眠っている可能性は何か」と尋ねました。これを考える際、どんなふうに感じられたでしょうか。どんな可能性があるのか、パッと思いつかない方も多かったのではないでしょうか。

そんなときは、人間の能力を分野別に分けて考えることが有効です。

ハーバード大学の心理学の教授であるハワード・ガードナー博士は、これを「マルティプル・インテリジェンス」という枠組みによって分析する方法（ＭＩ理論）を提唱しています。博士は、「人間の能力はＩＱテストでは測りきれない」という考えのもと、より多面的な観点に基づくこの指標を開発しました。

学習スタイルとしては、八つの分野が設けられています。

「言語、数・論理、空間、身体、音楽、自然、内省、対人」――このそれぞれについて、自分の得意・不得意、好き・嫌い、向き・不向きを考えていくと、深い自己分析をすることが可能です。

ただし、ここで「言語が得意」だと感じたとしても、「それなら言語学を極めなさい」ということではないので要注意。

向き・不向きは、職業や学問分野を限定するためではなく、学習の有効な方法を見

図8

ハワード・ガードナー博士のマルチィプル・インテリジェンス

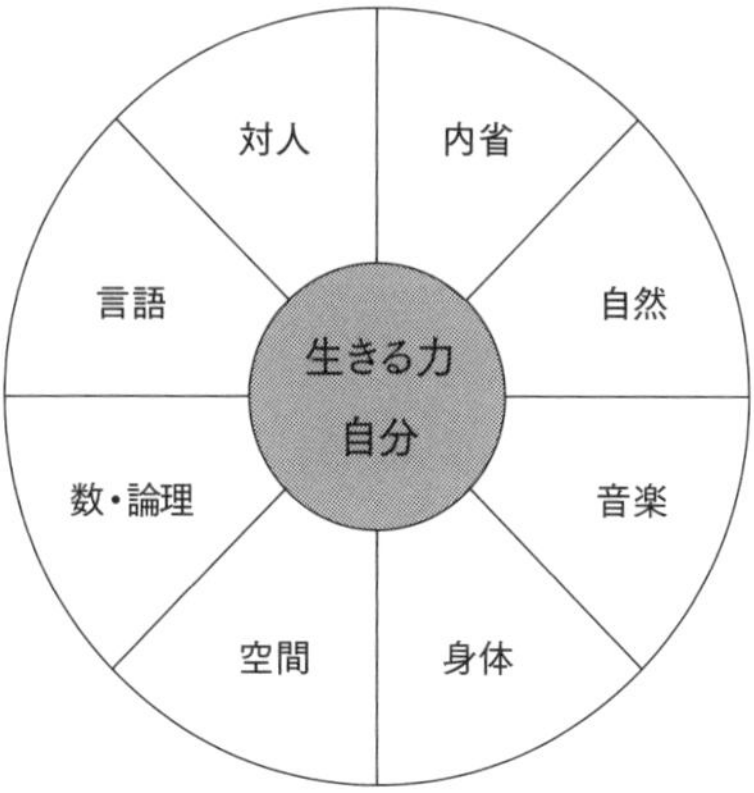

極めるためのヒントとなるものです。
何を学ぶにせよ、言語が得意なら、それを活用した方法を使うと早く伸びる、ということ。たとえば英語学習をするなら、たくさんの英文に触れ、単語帳を読み込むのが近道、というわけです。

「数・論理」の場合はどうでしょうか。この二つは重なり合う部分が多く、両者を同時に得意分野とする人もたくさんいるでしょう。この中で論理寄りの人なら文法理論を集中的に勉強するのもよいですし、数寄りなら英語を使った数字のパズルなどが有効でしょう。初歩の算数から高度な数学まで英語で学べるeラーニングの「Kahn Academy」などは、素晴らしい教材になるでしょう。

「空間」は少々わかりづらいですが、空間認識の力が優れている、ということです。観察力が高く、変化や違いにすぐ気づき、細部までしっかり目が行き届く、視覚型の能力です。このタイプの人はビジュアル・ラーナー(visual learner)。テレビの教育番組や絵入りのテキスト、Netflixや洋画のDVDなどが有効です。

「音楽」の人は聴覚が優れているので、ラジオ講座やポッドキャスト、オンライン英会話を使うのがおすすめです。本を読むときも、音読すると格段に理解が早まるでしょう。洋楽を聴いたり、カラオケで歌ったりするのも有効です。

「身体」の人は、手を動かして書くと記憶に定着しやすくなります。写経や、有名な「百マス計算」はこの手法を用いたものです。TPR (Total Physical Response) という身体を動かす学習法も有効です。

このように、自分の得意な領域を発見して学習に活用することを意識します。それは自分を知ると同時に、学習の対象をも深く知ることにつながります。

**問いかけ❸**

- 「マルティプル・インテリジェンス」の中に、自分の得意分野を見つけましょう（一つに限らなくてもOK）。

## ◉得意分野を見つけよう

さて、残りの三つ、「自然・内省・対人」について考えてみましょう。前項で触れた五つとの違いは何でしょうか。それは、必ずしも学校での教科に当てはめられない点です。

「自然」は、環境と共存する力です。自然の厳しさ、恐ろしさ、豊かさ、美しさを感じ取り、適応する能力です。農業、漁業に従事する人というのはこの力を大いに問われますし、「サバイバル能力」などもこの分野に入るでしょう。自然に囲まれた研修所や合宿所での学びがよく身につくタイプでもあります。

「内省」は、物事の本質を深く考える力です。この能力は、日本の学校教育現場でしばしば見落とされ、ときには損なわれることもあります。試験重視の教育システムの中ではもっぱら「採点者の求めている答え」を出す力が問われるため、内省力の高い人は、真実や本質を知ろうとする心の働きを、つい後回しにしてしまうのです。
しかし学生時代を終え、年齢と経験を重ねると、人生には「試験の答え」より「その本人にとっての真実はどうなのか」を知ることのほうが重要であることが誰にでもわかります。内省力は、そのときに必要な能力なのです。近年、ダイアローグやナラティブなど、内省力を磨くビジネスパーソン向けのプログラムが普及してきたのはよい傾向だと思います。

「対人」は、いわゆるコミュニケーション能力です。人に対して好奇心を持ち、人との対話を楽しみ、それを学習に活かすタイプです。このタイプは、仲間とサークルや同好会をつくって何かにチャレンジすれば、大きく成長できます。

これら「教科」とは無関係ながら重要な能力についてもご理解いただいた上で、あらためて、マルティプル・インテリジェンスの図を見てみましょう。
私は、ガードナー博士の考えた図を少しアレンジして、次のページの図のような能力分析ができると思っています。

中心の円形の外側に、「徳・知・体・感」というジャンル分けが加えられています。

これはイギリスの教育者、ハーバード・スペンサーが提唱した教育の三本柱、「知育・徳育・体育」を下敷きにしたものです。

「言語・数・論理」は、このうちの「知」の分野にあたります。そして空間と身体は「体」、内省や対人は「徳」が当てはまります。残る音楽と自然は「感」、つまり感性の豊かさ・鋭さが問われる分野です。

教育の場である「学校」では「徳・知・体」の三分野が重視される傾向がありますが、学習の場合は、「感」を加えることが不可欠

図9
「マルティプル・インテリジェンス」+「徳・知・体・感」

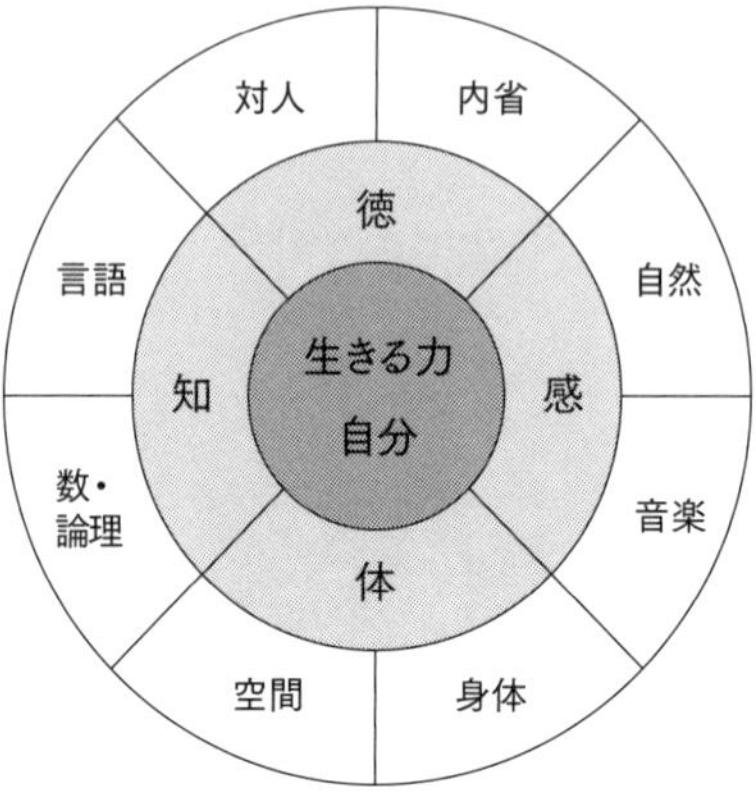

です。自分が知りたいこと、高めていきたいことを「感じ取る」力が学習の原動力となるからです。感じ方は千差万別。画一的なアプローチで育むのは非常に困難な分野でもあります。

この四分野をそれぞれ高めていくと、非常にバランスの取れた、いわば「人間力」の高い人となれます。もちろん、得意・不得意がある以上すべてを高めることはできませんし、またその必要もありませんが、「人間として成長したい」と考えている人なら、「徳・知・体・感」を意識して伸ばすことをおすすめします。

**問いかけ❹**

- 「徳・知・体・感」の四分野それぞれの中で、自分が最も好きだと思えるものをピックアップしてください。現在、その分野に関する何か(趣味でも仕事でもOK)を、生活の中で行っていますか?

## ダイアローグ（対話）をしよう

ダイアローグ――訳すと「対話」「話し合い」。

学習する際、このプロセスがあるか否かで、成果に大きな違いが出てきます。

ダイアローグ（dialogue）のダイアとは、「交わす・交流する」という意味です。ローグはギリシャ語で言うところの「ロゴス」、言葉や論理という意味です。プラトンの「ソクラテスの弁明」「クリトン」「対話篇」は対話形式をとりつつ人間と世界の本質を追究する、ギリシャ哲学の名著です。古代ギリシャの昔より、人は対話を通して学問を究めてきました。考える・学ぶプロセスには、対話が欠かせないのです。

「勉強」と言うと「一人で孤独に頑張る」イメージがありますが、**「学習」は人と接して人の考えを知り、自分の価値観と照らし合わせる、という方法をとるのが理想**です。そのほうが発想はダイナミックになり、一人で考えるよりもさらに深い考察へと到達できるからです。

その視点から考えると、ダイアローグの重要性は**「話し合う」ことより「聴き合う」こと**にあります。自分が話したい、聴いてもらいたいという気持ちをいったん抑えて、相手がどんな意見や考えを持っているかを一心に聴くことが重要です。

そして相手の言葉を頭から否定しない。自分とは違う考え方に接したとき、性急に「それは違う」「間違っている」などと言ってしまうと、互いの間にある「聴き合う」姿勢が崩れ、単なる自己主張の応酬になりがちです。そうなると対話は成立せず、考察も深まりません。

そこで重要なのが、**「違い」を楽しむ**ことです。

ダイアローグの背景には、「正解が一つに決まっているわけではない」という思想があります。価値観の相違や視点の多様性に気づくことは、それぞれの個性が表れる瞬間に立ち会うことです。それは、「これまでの自分」の外側を知る素晴らしい経験とも言えます。さまざまな考えがせめぎ合うからこそ、人は互いに刺激し合って成長し、社会のダイナミズムを生むことができるのです。

以上の方法で対話を行った後、あらためて自分に立ち返りましょう。「さまざまな考え方がある」と知った後に、「自分はどうなのか」を考え、「建設的に自分の意見を主張する」と、よりしっかりと自分の軸が定まります。

問いかけ❺

- 仕事仲間、友人、家族など、近しい人と話し合いたいテーマはありますか？
- そのテーマを、「相手の意見を聴く」ことを中心に話し合ってみましょう。
- 相手の意見を否定せず、最後までよく聴いたあとに、自分がどう考えているかを自問しましょう。

## ノートをつくろう

対話の相手が見つからない人は、手書きの「ノート」をつくることをおすすめします。

ノートは、自分の外側に対話の相手をつくり出し、自らを振り返るために欠かせないツールです。

ここ数十年、ノートの効用はともすれば見落とされがちでした。コピー機ができて以来、多くの学生は自分でノートをとらず、誰かがとったノートのコピーで試験前に勉強するようになってしまいました。最近はさらに困ったことになっていて、ノートをいっさい持たず、板書を携帯やスマホのカメラで撮影してすませる学生も少なくありません。彼らはこうして手間を省く分、効用も、「省略」されてしまっていることに気づいていないのです。


ノートをとることには、大きな意味があります。

一つは当然ながら、「何度も見直すことができる」点です。人間は複数回学び直すことによって、その内容を記憶に定着させます。単純な情報なら一回で覚えられますが、多くの場合には復習が欠かせません。ノートはその最善のツールなのです。コピーやスマホで写した写真でも同じ役割はある程度果たせますが、成果は大きく変わってきます。

その理由が二つ目の、**「ノートなら複数の感覚器官を働かせられる」**という点です。

学習心理学の研究では、**二つ以上の感覚器官を使って情報に触れると、長期記憶に定着しやすい**ことが発見されています。講義は耳で聴くだけでなく、手を動かしてノートを書くことによって覚えやすくなるのです。

コピーやスマホと違い、ノートをとるには手の筋肉や骨格を動かさなくてはなりません。同時に、書いた文字を目で見、筆記用具や紙の感触も味わいます。講義を聴くという「聴覚」と合わせると三つの感覚を働かせることができるのです。もしノートを見直す際に音読もすれば、さらに感覚を重層的に使用できるでしょう。

そして第三の理由は情報の再構成。

授業を担当する教員は、自分が話しやすい体系、話しやすい順番で講義します。ところが、その体系・順番は、一人ひとり異なる学習者にとって、わかりやすく使いやすいものとは限りません。ノートをとるという行為は、「目の前に提示された情報を、自分にとって最も活用しやすい仕組みに再構成する」クリエイティブな営みなのです。

京都芸術大学では、新入生オリエンテーションで、こんなふうに伝えています。「四年間の大学生活を振り返ったときに、自分が作り出した作品だけでなく、教科書や配布資料も思い出になるかもしれません。しかし、自分が手書きしたノートは世界にたった一つの作品。将来、みなさんが社会人になったときに見返して、あの頃はこんなことを考えていた、こんなふうに頑張っていたんだ、という未来の自分へのエール、かけがえのない宝物になります」

どうでしょう。このように三つの理由を明示したら、ノートをとろうという気持ちになりませんか？　ただむやみに教師が「ノートをとらなければならない」と訓示するのと比較して、学習行動の中の「ノートをとること」の意味が深くなり、より自発的なものになるのではないでしょうか？

もちろん、ノートは講義とは関係なく、自分なりの目的・意味づけでつくることも可能です。自分の中にある興味や好奇心、学びたいことを書き出し、それをどのようにして満たしていくかを考えて、書き出してみましょう。すると、「自分はこんなことを考えていたのか！」と新たに発見することが多々あるはず。自分との対話、自分自身の発見をする上で、ノートは強い味方、セルフコーチングのツールとなるでしょう。

自分の中にある興味や好奇心、学びたいことを書き出し、それをどのようにして満たしていくかを考えて、書き出してみましょう。自分の内側にある思索や想念を認識することはとても困難です。しかし、ノートに書く（描く）ことで、自分の外側にそれを出してみると、メタ認知しやすくなるのです。

**問いかけ❻**

- あなたが今、興味を持っていることは何ですか？
- あなたが今、克服したいと思っている課題は何ですか？
- それらを取り巻く状況を書き出してみましょう。興味を満たすための方法、課題を克服するツールなどを、考えつく限りノートに書きましょう。

## 学びを身につけるための八つのステップ

学習は、人が生きている限り絶えず行うものです。しかしそれを自覚し、自ら学ぼうと意識しながら生きるか否かでは、成果に大きな違いが出てきます。

ここまで述べてきた方法は、こうした自覚的学習者の「基盤」をつくるものです。ここからは、その基盤に立って、実際にどのようにして学びを身につけていくかをひもといていきます。

それには、八つのステップがあります。この八段階に基づいて学習すれば、自力で、確実に、そして楽しく、学びを身につけていくことができます。

## ステップ1　自分の目標を立てる

「何を、なんのために学習するのか」を考え、自分で納得のできる目標を立てることが学びの第一歩です。目標は、「夢」と言い換えることもできます。

故・松下幸之助翁は、ある講演後の質疑応答で、「経営者にとって最も大切なことは何ですか?」という質問を受けました。しばらく考えてから、松下氏は「夢を持つことですな」と答えました。それに対して質問者が「私たちはその日その日の経営が精一杯で、夢なんて言っていられない」と言ったところ、松下氏は「だったら、牛と同じでんなぁ。

牛が夢を持ったという話は聞いたことがありません」と答えたそうです。

人間は、目標を持って生きるという特権を与えられています。ならば、それを活かさない手はありません。


さて、目標を立てる際に、気をつけるべき点を二、三挙げておきましょう。

なぜそれを目指すのか、という理由は、あやふやなものにしないこと。「そのうち役に立つかもしれないから」とか「勉強しないとあとで困る」といった程度の理由からは、なかなかやる気が起きません。ここはさらに深く考えて、「将来、どんな役に立つのか」「勉強しないと、どんなふうに困るのか」など、具体的なイメージを思い描きましょう。

「みんなもしているから」といった理由も禁物です。人はみな、違った環境に身を置き、違った能力を持っています。目標に到達したら実現する自分なりのイメージを持つことです。

**問いかけ❼**

- 自分が今したいこと、身につけたいものをノートに書き出そう。

- なぜそれを身につけたいのか考えよう。
- 目標を実現したときのイメージを書き出そう。

## ステップ2　自分のスタイルを知る

ステップ１で、目標をなかなか明確にできない人もいるでしょう。その場合は、一九三ページのマルティプル・インテリジェンスで分析した自分の得意・不得意分野の自覚が役に立ちます。

まず、得意分野を分析します。自分の適性、好きなこと、幼い頃に夢中になったことなどのそばに、これからの自分をさらに成長させる「何か」が見つかる可能性大です。次に不得意分野についても考えてみましょう。「これに苦手意識を持っていたが、実は憧れもあった」という分野はありませんか？　数学、語学、音楽、なんでもかまいません。「食わず嫌い」を克服することは、自分の世界を大きく広げるきっかけになります。

さて、前述の通り、得意分野は「その分野のことをする」ための道標となるだけでなく、「学習の方法を見つける」のに役立ちます。ここでは自分がどんな方法をとれば学習がよりすばやく身につくかを考えましょう。本をとことん読むか、体を動かすか、ネットからダウンロードした音源で聴覚に働きかけるか。これらを考えることは、「自分らしい学習スタイルの構築」でもあります。学習スタイルの見つけ方は他にもあります。

・朝型か、夜型か
・短期集中型か、長期分散型か
・締め切り間際にならないとやらないタイプか、最初からコツコツできるタイプか
・一人で勉強したいタイプか、仲間と一緒に学びたいタイプか

これらの切り口を使って、自分が最も快適に学習できるやり方を見つけましょう。

**問いかけ❽**

- あなたが得意で、好きなこと、もっと伸ばしたいことは何ですか？
- 反対に、不得意だが身につけたいことは何ですか？
- 「朝型／夜型」「短期集中／長期分散」「デッドラインまでやらない／最初からや

る」「一人でやりたい／人と一緒にやりたい」の四つの基準で、あなたに当てはまるほうはどちらですか？

## ステップ3 自分のリソースを把握する

「リソース」とは「資源」のこと。この言葉はビジネスの場でもよく使われます。「経営資源」と言えば、「人、モノ、金、時間、情報」の五要素を意味します。ビジネスでは、戦略を立てる際、これらのリソースをいかに有効活用するかを徹底的に考えます。同じ要領で、自分がそれぞれの要素についてどんなリソースを持っているかをリストアップしてみましょう。

・人――仲間、教師、相談相手など
・モノ――本などの資料、勉強できる部屋などの環境
・金――資料購入、習い事などにかかるコスト

・時間――いつ、どれだけ時間を割けるか
・情報――内容に関する情報はどんな方法で手に入るか

これらを、考えつく限り挙げましょう。たとえば「時間」であれば、アフターファイブと土日だけに限定せず、移動時間や数分のスキマ時間も視野に入れましょう。「朝活」を読書時間に充てたり、ポッドキャストで最新の情報を入手している人もたくさんいます。

障壁を把握することも大切です。たとえば「資金不足」を自覚すれば、他の四要素で補う方法を考える必要がありますし、時間がなければ効率化を徹底する、といった方策を立てなくてはなりません。そこをクリアすると、プランの実現可能性がさらに高まります。

さて、この中で最も注意が必要なのは「情報」です。短時間で的確に情報収集できるかどうかが、学習の効率および成果を大きく左右します。

また、現代は洪水のように大量の情報が世にあふれる時代です。これはありがたい反面、取捨選択の技術も必要となります。玉石混交の情報から有用なものだけをすばやく選び出すテクニックを身につけたいところです。

**問いかけ❾**

- 自分のリソースを、五つの要素ごとにリストアップしましょう。
- 現在自分が使っている「情報源」（新聞、テレビ、雑誌、本、SNS、生成AI、クチコミなど）を一覧表にして、その長所、短所を比較しましょう。

## ステップ4　オプションをリストアップする

オプションとは、リソースを「どう活用するか」ということです。ステップ2で確かめた自分の学習スタイルを考えながら、ステップ3でリストアップしたものを組み合わせたオプション＝「学習プラン」をつくります。

ここで大切なのは、必ず複数のオプションをつくり出すこと。「この方法でいける」と思ってもそこでとどめず、「これもできるかも？」「ほかにもこんな方法がある」と、可能性を大きく広げて考えましょう。

次のブレーン・ストーミングの「CLEAR」を心がけてください。

**C** Creative　思いつくままに
**L** Link　発想をつなげる
**E** Encourage どんどん調子に乗って
**A** Agree　否定しない
**R** Record　記録をとる

仲間と一緒に学習する場合は特にこの姿勢が重要です。それぞれが思いつくままに発言すると、「それは無謀なんじゃない？」などと口を挟みたくなる場面がしばしば出てきますが、決して否定しないこと。同じく、自分のアイデアも「これは無理なのでは……？」などと自制せず、遠慮せずに表明しましょう。それがきっかけになって発想がますます広がります。

問いかけ⑩

- 前ステップで挙げたリソースを見てみましょう。どんな方法で学習することができますか？　オプションを複数つくり出してみましょう。
- 「こんな方法は無理」と思っていることに関して、「もしできるとしたら？」と考えてみましょう。

## ステップ5　メリット、デメリットを勘案する

オプションをつくり出したら、前段階でストップさせていた「否定・批判」の回路をオンにして、それぞれのオプションのメリット・デメリットを検討します。たとえば、「新入社員のガイダンスのプランをうまくつくりたい」と考えているAさんの場合。

**オプション❶活用リソース：生成AIの活用**

ChatGPTに「新入社員のガイダンスのプランをうまくつくりたい」と入力すれば、瞬

く間に一般的な雛形を出力してくれます。それを見て、時間的制約や、自社の状況に合致する部分、合わない部分について、注文をつけていくと、かなり精度の高いプランができます。

**メリット**　：スピーディで効率的。重要な要素がもれなく盛り込まれている。

**デメリット**：どうしても一般論になりがちで、面白みに欠ける。

**オプション❷活用リソース：人**

そこで、Aさん自身が、新入社員だったときの個人的な体験を加えたり、他の先輩社員のエピソードを発表してもらうと、オリジナリティが高まります。また、今年度の新入社員にも、自己紹介や抱負を語ってもらう時間を設けることで、唯一無二のプログラムになっていくでしょう。

**メリット**　：一人で抱え込むのではなく、多くの人を巻き込むことで、チーム全体の一体感が生まれる。

**デメリット**：同僚の時間を使ってしまう。自己紹介や抱負を語ることにプレッシャーを感じる新人への対応が必要。

どちらを選ぶかを考えるとき、Aさんはおそらく、自分の優先順位にあらためて気づくことになるでしょう。誰にも迷惑をかけずに一人でやりたいのか、それともチームで力を高め合いたいのか、時間をかけずに行いたいか否か等々、同僚との関係や仕事との向き合い方にも思いが及ぶはずです。

「新入社員のガイダンスのプラン」という小さな入口から、自分の考え方や価値観といった大きな視野へと広がるのも、学習の面白いところです。まさに、life-deepな側面が表れていると言えるでしょう。学習法の検討自体が、実は内省的で創造的なプロセスなのです。

**問いかけ⑪**

- あなたが立てた複数のオプションの、メリット・デメリットは何ですか？
- あなた自身がどんなメリットを重視し、どんなデメリットに目をつぶるか、自分自身の感じ方を振り返ってみましょう。

## ステップ6 作戦を決めて、スケジュールを立てる

優先順位を見極めてオプションを絞り込んだら、無理のないスケジュールを立てる段階に入ります。目標達成の時期を決め、そこから逆算して各プロセスの所要時間を確かめ、スケジュールに当てはめていきましょう。

ここで再びAさんの登場です。ひとまず「新入社員のガイダンスのプラン」で、他の先輩社員を巻き込み、新入社員の発表の場も設ける方向でいこう、と決めたとしましょう。

そうすると、次に必要なのは、目標達成に向けた計画をスケジュール化することになります。これもChatGPTに相談すると、たとえば、一カ月の間に何をすべきか、一般的なガイドラインを示し、チェックリストを作成してくれます。あとはそれを微調整すればOK。

スケジュールを立てるときのコツは、それぞれの所要時間を少し長めにとることです。

Aさんは、先輩社員の根回しに要する時間を長めに見積もっています。また、最終的に上司の決裁を仰ぐ際に、差し戻されるリスクも織り込んでおきました。

うっかりスケジュールを詰め込みすぎると、そうした事態のたびに「今日はここまで進むはずだったのに……」という、残念な思いを味わうことになるでしょう。こうしたネガティブな気持ちは、学習の楽しさを損なうもとです。余裕を持って臨み、ささやかな達成感を積み重ねていくことが大切です。

問いかけ⓬

- 決定したオプションに従って、スケジュールを立てましょう。
- 時間には余裕を持たせていますか？　毎日ビッシリと学習プランを詰め込んでしまわないように注意しましょう。

## ステップ7 スケジュールに沿って計画を実施する

スケジュールができたら、いよいよ計画を実施します。

その際のおすすめは、何かを実行するたび、チェックをつけること。一日の終わりに、その日のｔｏ ｄｏリストにチェックマークをつけていくとよいでしょう。

毎日少しずつ達成感を得られますし、途中で「これは少々難しそうだ」と気づいたときの軌道修正もしやすくなります。手遅れにならないうちに達成日を延期したり、学習方法を簡略化したり、といった手を打つことができます。

そしてもう一つ忘れないでいただきたいのが、「自分の気持ちを見つめながら」学習する、ということです。

学習学では、「結果」もさることながら、「プロセス」を重視します。どんなことを感じながら行ったのか、学びながらどんなことに気づいたか、今まで知らなかった自分の性格は何か。学習を進めていくと、そうした発見が非常に多く出てきます。

それらに出会ったら、すぐにノートに走り書きします。その瞬間は「大発見だ！」と思っても、時が経つと印象が薄れていくものです。発見したことの内容を忘れ、さらには発見したという事実を忘れる――私たちの日常にはそんなケースがあふれています。学習学的に生きるとなれば、それらを細大漏らさず記憶に残したいところです。

そして数日ごとにそれらの走り書きを読み直し、再び自分で「まとめ」を書くのです。

**問いかけ⑬**

- 学習の「内容」について発見したことは何ですか？　これまで知らなかったこと、面白いと思ったことは何ですか？
- 学習する「自分」についてはどんな発見がありましたか？　楽しいと感じた瞬間は？　これまで知らなかった自分の意外な一面はありますか？

## ステップ8　目標に照らして評価・改善する

最後のステップは、目標を達成したかどうかを評価する作業です。

次のチャレンジに備えて改善策を考えることも、このステップに含まれます。

**次回の計画を立てる最高の機会は、一つの事業・活動が終わった直後です。**なぜなら、どこがうまくいったのか、どこを改善したらよいのかが、最も鮮烈な印象として残っているからです。

評価のコツは「どこがよかったのか」という肯定的なポイントを先に挙げ、その次に改善点を考えることです。この順番には意味があります。人の脳は何かを振り返るとき、「ああすればよかった、こうすればよかった」という自己否定に流れがちなものです。先に後悔や否定に頭を使ってしまうと、獲得できた知識や成果にしっかり考えが及ばず、学習の楽しさも半減してしまいます。

次回のチャレンジに役立つのは、失敗や不備の振り返りだけではありません。何がよかったのか、何をしたからうまくいったのか、といった成功体験の分析も不可欠です。

その両方によって、成長するためのノウハウを体系的に蓄積していくことができます。

問いかけ⓮

- 今回の学習を振り返って、よかったことは何ですか？　実際に行った作業で効果が高かったこと、楽しかったことを挙げましょう。
- 次回に向けて、「ここをよくするともっと効果が上がる」「ここを変えればもっと楽しい」と思う点を挙げましょう。

さて、「新入社員のガイダンス・プラン策定」のケースをお読みになって、「あれ、これは業務であって、学習ではないのではないか？」とお思いになった方もいらっしゃるかもしれません。そこがまさに本書の重要なメッセージの一つです。

「学習」がカバーする領域は、仕事にも、家事にも、子育てにも、余暇活動にも、人生のあらゆる側面に及んでいます。そして、業務での学びが他の分野にプラスの影響を与えることもよくあります。このように、毎日の人生を、学習の連続ととらえる視点について、次章で考えていきましょう。

# ケーススタディ

さて、ケーススタディとして最新学習歴の更新を、「学びを身につけるための八つのステップ」に沿って、具体的に考えてみましょう。私が英語学習コーチとしてサポートした実在の人物の事例です（多少、脚色してあります）。

eコマース大手のR社勤務で部長職の男性Bさん四八歳。部下はおらず、出店者との連絡調整、クレーム対応にあたっている。国内業務なのでほとんど英語を使うことはないが、会社から半年以内にTOEIC®テスト八〇〇点必達を求められている。達成しなければ降格し、年収が三〇〇万円ダウンするので、なんとしてでも達成したい。現在の英語力は、リスニング二五〇、リーディング四〇〇。大学受験のときはそれなりに勉強したので、文法の知識は大丈夫だが、スピーキング、リスニングには苦手意識を持っている。妻（四五歳、看護師）と娘一人（一一歳、公立小学校五年生）の三人家族。妻の実家に近い青葉台の3LDKのマンションに住んでいて二子玉川に通勤。趣味はサッカー観戦（高校までサッカー部）。

## 学びを身につけるための八つのステップ

### ステップ1　自分の目標を立てる

Bさんの場合、目標は極めて明確です。半年以内にTOEICで八〇〇点を取ること。本来ならば、TOEICは英語力の現在位置を知るためのツールなので、「何のために英語を学ぶのか、仕事や人生にどう活かすのか」を掘り下げたいところですが、ここではまずは当面の目標をクリアすることが最優先です。

### ステップ2　自分のスタイルを知る

先にMI理論を紹介しましたが、Aさんの場合、サッカー部だったこともあり、身体感覚優位である可能性が高そうです。また、現時点では聴覚分野（スピーキング、リスニング）に苦手意識を持っています。通常のTOEICの場合にはスピーキングは含まれないので、苦手分野を克服するためには、リスニングの強化が課題になります。リスニングがリーディングと同じ四〇〇点になれば目標をクリアできる計算ですから。

## ステップ3　自分のリソースを把握する

学習に使えるリソースとしては「人、モノ、金、情報、時間」が重要です。

人的資源としては家庭教師や語学学校の教師、あるいは一緒に英語を学ぶ同僚や友人などが該当します。家族に英語が得意な人がいれば力を借りたいところですし、子どもと一緒に学ぶことで意欲が高まる人もいます。

物的資源には、スマホやPC、タブレット、テレビ、参考書、問題集、辞書、新聞、カラオケなどが含まれます。お金をいくら投じられるかは個々人の状況次第でしょうが、Bさんの場合、奮発すれば短期留学やネイティブ講師を個人契約することも可能かもしれません。

英語学習に関する情報は、ネットの上に大量に存在して、選び切れないほどです。したがって、プロの英語学習コーチやアドバイザーに相談して、自分に合った方法を選ぶのが近道でしょう。

そして、社会人にとって最も希少なのが時間資源です。Bさんの場合、平日の昼間は日常業務が忙しいので、通勤時間や休日の活用が現実的です。

**ステップ4　オプションをリストアップする**

多くの場合、時間とお金の制約条件の中で、学習行動の選択肢を検討することになります。Bさんの場合には、

**プラン1**　平日の朝、通勤時間にリスニングの練習
**プラン2**　週末にオンライン英会話のレッスン
**プラン3**　毎月、ネット上でTOEICの模試を受験する

といった選択肢が想定されます。

田園都市線の青葉台から二子玉川までは急行で片道一六分。家から駅までと、駅から会社までも、片道でリスニングのトレーニングをするとして、一日三〇分できる計算になります。帰り道にもできればさらに素晴らしいのですが、仕事帰りに疲れてしまう可能性もありますしね。

オンライン英会話はさまざまな業者が多彩なプログラムを提供しています。どん

な先生だったらモチベーションが上がるのか、デモレッスンを受けて、試してみてから契約するのがおすすめです。

多くの場合、TOEIC対策をリクエストすれば応えてくれるでしょう。

### ステップ5　メリット、デメリットを勘案する

Bさんの場合、TOEICの模試はある程度、進歩した段階で受けたい、という希望があったので、プラン3は後回しになり、プラン1、2を優先しようということになりました。

TOEICに関しては、「三時間の学習で一点上がる」というのが、業界の一つの目安になっています（諸説ありますけど）。Bさんの場合、一五〇点アップが至上命題なので、六カ月の間に四五〇時間以上の学習時間を確保することが必要になる計算です。これを聞いたBさんの場合、一カ月七五時間、一日一五〇分は非現実的なので、やるときには「集中してやる」ことを決意していただきました。

### ステップ6　作戦を決めて、スケジュールを立てる

Bさんの場合、合計時間数が不足することがわかったので、平日は通勤時間も含めて毎日一時間を確保することになりました。そして、週末は土曜日、日曜日に一時間ずつオンライン英会話のレッスンを受けるとともに、IIBCの問題集を毎週一セット必ずやること（二時間）を追加しました。TOEICのスコアアップに最も効果があるのが、何回も過去問をこなすことだと言われています。出題形式に慣れるだけでも、確実に得点力が向上します。これで、一カ月に四〇時間程度の学習時間ということになります。

## ステップ7　スケジュールに沿って計画を実施する

Bさんは真面目な方なので、立てた計画を着実に遂行し、ときには問題集を二セットこなした週末もありました。何回も同じ問題をやることに意味はあるのか、という質問が出るのですが、TOEICなど米国ETSが制作している標準テストの場合には出題傾向が一定なので、何回も受験することで高得点につながります。

モチベーションを高めるためには、毎日、記録をつけることが大事。そして、模試のスコアが上がったら自分にご褒美を用意するのも有効な方法です。

## ステップ8　目標に照らして評価・改善する

Bさんは半年を待たず、五カ月弱で目標の八〇〇点をクリアできました。英語学習コーチとしては、してやったり、というところですが、ご本人は英語学習の楽しさがわかってきたので、さらに上を目指したいとおっしゃっていました。

実はBさんのケースは二〇二一年だったので、現在であれば、ChatGPTとGoogleのText-to-Speechプラグインを最大活用することで、より効率的な学習が可能です。

第六章◉

# ライフロング・ラーニング 時間軸で学習をとらえる

## ●——ライフロングの考え方——進化と学習、生涯教育

「人間は生まれてから亡くなるその一瞬まで学び続ける生き物である」

繰り返し述べていることですが、私が学習学を提唱していく上でいちばんお伝えしたいことです。

生涯学習と言うと、公民館や地域の生涯学習センターに行って、源氏物語を読むとか、ダンスや英会話をやることであると、非常に狭い意味でとらえられていますが、私が考える生涯学習（Life-long Learning）は、毎瞬、毎秒、毎分、毎日、実は私たちはあらゆる出来事を学習し続けている、という立場に立った学習です。

私たちは、変化する環境を認知し、そして意識しようとしまいと、それに適応しようとし続ける存在なのです。その認知と適応のプロセスのすべてが学習です。

これは人間に限らずあらゆる生命体がやっている進化の一部ではありますが、他の生物の場合、短時間のうちには顕著に現れないことが多いのです。

たとえば単細胞生物が進化を起こすのは、何世代、何万世代、何百万世代もかかるようなことです。しかし人間は一時間のセミナーで受講前と全然顔つきが違って、能力も変わるといったことがあります。それだけ人間は学習速度が速いのです。

自転車に乗るときの体重移動が少しうまくなる、お箸の持ち方がうまくなるなど、意識しないうちにいつの間にか自然に上達していたということもあります。学習は無意識のうちに行われる場合もあるのです。

「学習する」ということは、人間が観察可能な変化を生み出し、進化してきたということであり、他の生物よりも大きな学習速度が人類最大の強みなのです。

次の章のライフワイド（Life-wide Learning）とも結びつくのですが、家にいる時間や通勤通学やコミュニティ活動などを行っている時間帯も、実は学習と結びついています。仮に起きているときだけが学習だと定義しても、○歳から一〇〇歳までの時間をすべて使うことができるのです。

睡眠学習という言葉がありますが、睡眠中は起きているときに学習したことを脳の中で取捨選択、整理統合して本人にとって意味のある情報を長期記憶に定着させるという脳の働きが行われています。

世界中の人々の中で日本人と韓国人の睡眠時間が最も短いようですけれども、睡眠をきちんととるということは、ライフロング・ラーニングという観点から考えると、とても重要です。長さだけでなく、睡眠の質も非常に大切です。

本当に○歳から一○○歳まで、そして一瞬一瞬がライフロング・ラーニングだという方向へ認識をバージョンアップしていきたいものです。

## 人生は長いラーニング・ジャーニー

**ライフロングとは、つまり最新学習歴を更新し続けること**です。

最新学習歴。これを英語で表現すると何になるのか？

ラーニング・ジャーニー(Learning Journey)です。

ジャーニーという言葉は、旅行という意味ですが、語源的にはフランス語の jour（＝英語の day、一日）からきています。一日の積み重ねの中で旅をして記録したものを、

journalと呼びます。ジャーナルをつけ、日記をつけていくというのは、どこまで来たのか、そのプロセスで何があったのか、その旅の記録を示すということです。何があったのか、旅というのは、何か目的があって出かけて行き、目的地に到達したら終わりということもあれば、行き先もわからず、あてのない旅をすることもあります。

旅の行程表のことをitineraryといいます。何時に家を出て、どこでご飯を食べ、何を見て、何時に宿舎に着いてという計画のことです。しかし、これを最新学習歴に置き換えて考えてみても、短期的には行程表を組めるのですが、長い目で見ると組んだつもりが全然違うことになったりします。病気や事故、事件に遭遇することもあるかもしれません。そんな出来事もあっての人生なのです。

人生の中にはコントロールできることと、コントロールできないことというのがあって、コントロールできないことを嘆いても仕方ありません。いかに自分がコントロールできる範囲の中で自分のベストを尽くしていくのかということが、人生の豊かさを決めていきます。

うまくいかない生き方とは、コントロールできることをしないで、コントロールできないことを嘆いたり、悲しんだりして目の前の幸せを手放すことです。

多くの人は、コントロールできることに関して個人主義モデルで考えているため、自分にはできないことが非常に多くなってしまいますが、一人ではできないことでも二人ならできるかもしれない、六人ならできるかもしれないと、多くの人が力を合わせればできることというのも必ずあります。しかし、協力関係を結ぶことに関してのトレーニングは日本の学校教育の中で極めて少ないように感じます。人間は孤立した存在だと感じ、コントロールできないことがたくさんあると思い込まされているのです。でも人間は、類的な存在であり、社会的な動物です。みんなで力を合わせれば、絶対できないと諦めていたことが成就することもあり得るのです。

## ○歳の学び

私たちが、生まれてから最初に行う学習行動は、人の顔を認識して覚えることです。顔を見て判断するということで、徐々に自分の母親や父親を認識します。あるいは親の声を聞き分けて、その声にきちんと反応することで、神経回路の発達が促されます。このような経験から、自分の命を守るためには誰が味方なのか、誰が守ってくれる存在なのかということを学習していきます。

人間の脳の中には人の顔だけを認識する部位があります。側頭連合野と呼ばれる部位に脳梗塞などの損傷が発生すると、計算や記憶はできても人の顔だけは認識できない「相貌失認《そうぼうしつにん》」という症状が起こることがあります。人の顔を認識するということに脳の資源を費やしているということは、人間が社会的な存在であることの証しの一つでしょう。

また、生まれてから人の顔を認識して成長していくと、いろいろなものに触れて、口に入れることで外界を認知しようとします。今、自分が見えているものは硬いのか柔らかいのか、あるいは濡れているのかどんな感触なのか、どのくらいの力加減で触ればよいのかなどを五感を使って認知していくのです。

赤ちゃんは、目が見えない状態でも母乳の匂いを嗅ぎ分けて食べ物を求めて手や口を動かします。生命の自然な働きで、ハイハイの仕方や立ち上がり方、歩き方を非常に未熟な段階から学習していきます。赤ちゃんも立派なアクティブ・ラーナーなのです。

外界を認知しようとするということは人間に限らず、他の生物でも行う必然的な学習行動です。これは本能的と言ってもいいぐらいに生命に与えられた根源的な力です。

馬やキリンなどの他の動物は、「大人＝完成体」に近いような状態で産まれてきます。周りに天敵が多い動物ほど大人に近い完成度の高い状態で産まれてくる傾向があります。天敵がたくさんいる中で、生き延びていくための戦略を採用しているのです。

しかし、人間は特に未熟な状態で産まれて、成長というプロセスを踏む中で大きくなっていきます。人間は社会的な存在であり、生まれてから学習し、人間としての機能を高めていくようにプログラミングされているのです。

## 幼少期の学び

外界の認知が進むにつれ、だんだんと言葉を覚えるようになっていきます。

言葉の学習というのは人間にとっては非常に重要です。仲間でコミュニケーションをとることによって、種の存続を成し遂げてきたのですから。

本書の冒頭でもお話ししたように、ネアンデルタール人はホモサピエンスと変わらない能力を持っていたにもかかわらず、声帯が十分に発達せず、複雑な音を出すことができずに滅んでしまいました。言葉を覚えてコミュニケーションをとるということは生きるための大切な手段なのです。

言葉を覚えて成長していくと、家族以外との関わりが増えてきます。またその中での人間関係によってだんだんと学習の幅を広げていきます。

三歳～五歳くらいになると、多くの子どもが保育園や幼稚園に通い始めるでしょう。同年代の友だちや先生との関わりの中で、初めて自分と肉親以外の人の存在を知ります。

また、近所のおじいちゃんやおばあちゃんや子どもたちとの交流によって、自分と同じくらいの年の人もいれば、しわしわの年取った人もいるということを知ります。親のように無条件で愛してくれるような人や全面的にサポートしてくれる存在もいるんだということも徐々にわかっていきます。

人類は、社会のメンバーなのだということを学ぶために、いろいろなことをやってきました。さまざまなジャンルの人を小さな頃から見ていくということは、非常に重要なことです。学校だけでなく、子ども会や青年団、ボーイスカウト、ガールスカウト、スポーツ、などのコミュニティを複数持つことで、そこでの自分の存在意義や価値観、人間観を形成していきます。

太平洋戦争後の日本では、子どもの数が多かったので、こうした社会教育団体などの活動が活発でした。しかし、若者が大幅に減少したことや最終学歴のための受験競争が活発化したことによって塾や英会話スクールなどの習い事に時間が費やされるようになり、課外活動で社会性を涵養《かんよう》する動きが弱くなりました。特に地域コミュニティの中でのコミュニケーションやリーダーシップを磨く機会が激減していると思います。これはあまり最近語られないテーマですが、私は大きな社会教育課題だと考えています。

人間関係といえば、同じ学校の同じクラスの同じ年齢の子との関係だけ、という状況では、それがうまくいかなかったときに逃げ場がありません。付き合っている人が親と先生だけになってしまうという状況は危ういものです。子どもにとっても、学校、家庭以外の「サードプレイス」的な居場所の確保が大きな課題です。

## 児童、生徒、学生としての学び

子どもは、小学校や高校、大学では、それぞれ、児童、生徒、学生と呼ばれます。大人はその子どもがどの分類、学校に属しているのかを重視し、その人を見る傾向があります。決して間違いではないのですが、小学生は一日六時間の授業が週のうち五日間あり、児童として過ごす時間は三〇時間です。一週間は全体で一六八時間あるのですから、一週間の中で三〇時間は、児童、生徒なのかもしれませんが、その他の時間のほうが多いわけです。ですから、あの子は小学生だ、中学生だという基準で判断するのは、一六八分の三〇で判断しているのにすぎないのです。

ライフロングの関係性から考えると、学校以外の時間にどんな時間の使い方をしているのかが非常に重要です。自分で自分をどう認識しているか、どんなアイデンティティを持っているのかが時間の使い方を規定していくからです。

年齢が上がっていくと部活や友だち付き合いが増えていき、それにつれて、私は何々というアイデンティティが増えていく傾向は間違いなくあります。

受験塾やピアノ教室にも行くけれど、部活をしたり、YouTubeを好きになったりします。そういう自分のアイデンティティによって時間の使い方がブレイクダウンされていくわけです。

あの子は中学生だ、高校生だという見方でその人を見るというのは、ある意味、とても単純すぎる見方なのです。

## 思春期での学び（親との関係性）

成長していく中でいろいろなコミュニティに入り人間関係ができてきても、比較的長期間持続するのが親との関係性です。

女性の場合は第二次性徴期で月経が始まり、体の形の変化などによって生殖可能な成熟した大人になっていきます。このような肉体的な変化によっても、親との関係性は徐々に変わっていきます。

最も典型的なのは、女の子が父親の匂いを避けるようになることです。それは非常に合理的なことで、近親相姦が発生すると遺伝子の異常が起こりやすいからです。いちばん身近にいる男性と性的な関係を持たないことが種の存続のためには非常に重要で、女性は思春期になると生理的に父親の匂いを嫌い、洗濯物を一緒にしないでほしいと言い出します。

よく言われるのは、自分の持っている遺伝子と遠い遺伝子を持った人に魅力を感じるということです。体の大きな男の人が小柄な女性や華奢な女性に惹かれるなど、なるべく自分から遠い遺伝子に惹かれるというプログラムが私たちの中には存在すると言われています。

また、思春期に「死」と向き合うことは、大きな学びとなります。昔は平均寿命が短かったため、子どもの頃に周りの友だちや自分の祖父母が死んでしまうということがあり、身近に死を感じる機会が多くありました。しかし、現代はそれを感じる機会は非常に少なく、命や死に対して真剣に向き合う時間がないように感じます。

平均寿命が年を追うごとに長くなり、核家族化が進んだこと、さらに学校では同学年の子どもとの付き合いばかりが多くなったことによって、人は死ぬ可能性のある存在だということを知らずに時を過ごしてしまうことになりがちです。近年、いじめの若年化や残酷ないじめが起きているのは、このことも影響しているのではないかと思います。

バーチャルの世界では簡単に人を殺せてしまうことから、本当に生身の人間の命が失われることに対する感覚が麻痺しているようにも感じます。これはたいへん危険なことです。

自分の祖父母に限らず、高齢世代との交流を通じて、命の尊さを知り、ある日突然命が失われるようなことがあるんだということを肌身をもって感じることは、生きていく上で大事なことだと思います。

## ◉会社選びと入社時の学び

会社にもよりますが、就職をすると新入社員研修があります。そこで、会社の理念や成り立ちなどを座学で学びます。かつては商品ラインナップ、事業内容などを集合研修で学ぶこともありましたが、最近は「これで自分で勉強してね」と、タブレットで示されるだけとなってきているようです。

最近の新入社員研修はむしろ、コミュニケーションやディスカッションを通じて、この会社の一員になったんだというアイデンティティを強化することに重点が置かれるようになりました。その会社の人らしく話せるようになっていくようなところにウエイトが置かれつつあるのです。

配属され、ＯＪＴ（On-the-Job Training）によって新入社員に任される仕事は、たいていハードルの低い仕事です。軽くこなせる人もいれば、どこかうまくいかなくて三〇点ぐらいだったりする場合もあります。そういうとき、大きな会社の場合は、メンターやコーチ、先輩など、ここはこうするともっとよくなるよというふうに、教えてくれる存在がいます。

昔はよく「石の上にも三年」と言って、会社に就職したら三年ぐらいは辞めずに我慢しろという風習がありましたが、今は社会の変化が激しいので、別に三年も我慢しなくていいという風潮です。本当に入社一年以内、それも三カ月、一カ月で辞めるという人が結構増えています。

一度就職した会社を辞めることは本人にとってはそこまでダメージは大きくないようですが、会社にとっては大きな損失です。なぜなら、説明会や面接、試験を行うための人事や管理職の人のタイムコストを考えると一人を採用するのに、何百万、ときには何千万円もかけているからです。就職してからの初任給は年棒にして二百数十万円かもしれませんが、採用コストはその何倍もかかっているのです。

リテンション（retention）という言葉がありますが、採用した人が会社に残って定着してくれるということが、新人を迎えた第一義的にはマネージャー、第二義的には先輩やチームの人にとって非常に大きな経営課題になっているのです。

## 入社後の学び

偏差値の高い大学を出ていても、すぐに会社の仕事のやり方を飲み込んで吸収し、順応して即戦力になっていく人と、なぜかそれができない人がいます。

学生時代の成績がボロボロでも、要点やコツのつかみ方が上手な人は会社の中で活躍することができます。先輩のよいところを見習って、自分で作戦も考えて、新規顧客の開拓をやって、入社半年、一年でトップセールスになったりする人もいます。

リクルート社の例を取り上げてみましょう。

同社では、採用担当にエースと目される社員を投入します。これはよい会社の条件です。人事の採用担当に会社のエースを置くことで能力が高い人を採用することができるのです。エースは自分を超えるような人を採用したがるからです。「人こそが会社の宝だ」ということをきちんと認識していて、人材確保に力点が置かれている会社の特徴です。

採用面接でこんな人がいる会社には入りたくないと思われたら、優秀な人は来ません。学生側から見たら、採用担当者の目が輝いているかどうかは、その会社がよい会社かどうかを知る重要な判断基準となっているのです。

入社後は、自分で職務遂行能力を高めていくことが非常に重要になっていきます。

職務遂行能力を高めるカギは、振り返り（リフレクション）です。たとえば、営業の場合は商談が取れた、取れなかったという結果に一喜一憂するのは二流。一流の営業担当者は、結果がどうあれ、リフレクションからの次の一手を考えることができます。そんなに振り返ることもなく、自然に階段を上がって行けるのが超一流です。

ここで、反省とは言わずに振り返り（リフレクション）と呼ぶのは、たいていの場合、反省というと、ネガティブな結果にとらわれて後悔が多くなってしまうからです。

リフレクションというのは、今後どうすればよいのかまで考えるもの。未来志向でもっとよくなる方法を考えて、次の一手をきちんと考えるのが効果的な振り返りです。

どこがうまくいったのか、どうすればもっとよくなる可能性があるのかをベースに考え、good and better のフレームワークで振り返るのがよいでしょう。頭の中でシミュレーションする際、そういう方向でやると、実際に改善できる確率は上がります。未来のアクションを含めた振り返りを行うことが非常に重要です。

## 昇進　プレイングマネジャーの学び

職務遂行能力をプレイヤーとして高めていく中で、どこかのタイミングでマネジャーに昇格することがあります。チームリーダーという場合もあれば、プレイングマネジャーの場合もありますが、いずれにしろ、一人のプレイヤーとして仕事をするだけでなく、チームを率いて、自分以外の人の自発性やモチベーション、やる気や可能性を引き出して、チームとして結果を出していくことになります。営業職でしたら、自分の営業目標を持ちながらチームの結果も出さなければいけません。プレイヤーとマネジャーという全く異なるパフォーマンスを同時に要求されるわけです。

自分の部下が自分よりも営業成績が高くなると面白くないから部下のサポートをせず、むしろ「お前、そのぐらいで自惚れるなよ」など言ってしまって、部下のモチベーションを下げてしまい、チームとしての成果を出せないということがあります。

よいプレイヤーが必ずしもよいマネジャーとは限らないのです。逆に、選手としてはそんなに芽が出なかったけれども、コーチ、監督として素晴らしい成果を収める人もいます。

日本の企業ではともすれば、プレイヤーとして成績がよかった人がマネジャーに選ばれる傾向にあります。ある意味、仕方がないのですが、かといって、プレイヤーとして全然成績がよくなかった人をマネジャーに抜擢したからといって、うまくいくとも限りません。部下の信頼が得られず、結果が出ないことも少なくありません。

## トップの学び

Executive Officer（執行役員）から上のポストでは、現場のマネジャーとはまた違う能力が求められます。ビジョンを持つこと、会社の全体的な方向性を見据えていること、会社の理念や哲学をきちんと理解し伝えていることが非常に重要になってきます。

自分で会社をつくるとなったら、いちばん大事なのが会社のフィロソフィー、ミッションステートメントで、何を目指している会社なのかという、その会社が提供する価値の目的、存在意義を語る必要があります。語ることで、そのミッションに共感する、いろんな持ち味を持った人達が集まってきます。逆にそれが曖昧だと、うまくいかなかったときに、頼るものがなくなってしまいます。

実は、会社のトップやトップに近い人たちにこそ、常に学びが必要です。大企業幹部としての判断力を学ぶためにアメリカではMBAを取得できるビジネススクールがとても発達しました。ハーバード、スタンフォード、シカゴ、ノースウェスタン大学ケロッグスクール等々、きら星のごとくビジネススクールがあり、一九九〇年代ぐらいまでは、大きな会社で出世しようと思ったら、MBAを取るのが必須だとされていました。最近は、その価値もやや下がり気味ではありますが。

MBAのカリキュラムの柱は基本的に、大企業の過去のベストプラクティスをケースを通して学ぶことです。それが、役に立たないわけではないのですが、過去のベストプラクティスから学んでみんなが同じことをやったら、差別化ができず、他の会社を出し抜くことはできません。

今の時代、会社を伸ばしていくためには、誰もやったことのないことをやらなければなりません。それがイノベーションの生命線です。

もちろん、イノベーティブな取り組みは、打率一〇割にはなりません。打率二割かもしれないし一割かもしれません。しかし、中には大化けして、Facebookになり Googleになり、Amazon、Apple、OpenAIなどが出てきたというのが、九〇年代から二〇二〇年までの三〇年間で、アメリカに起こったことでした。

一方、そうした未知への挑戦をやってこなかったのが、失われた三〇年の日本だったのではないでしょうか？　その遠因が学校教育の呪縛にあるのではないか、というのは、すでに述べた通りです。

## 自営業者、フリーランスの学び

企業や組織の中で仕事をしている人がいる一方で、フリーランスで働いている人、家業を継いだり、自分で独立開業したりする人もいます。私自身、大学に籍を置きつつも、個人事務所的な株式会社を持って、企業研修講師や公開講座、あるいは著作活動などを行っている「自営業者」でもあります。

会社員が退職して独立すると、うるさい上司から解放され、自分のペースで仕事をすることができる、という「自由」を手に入れることができます。また、それまで以上に、自分の強みを発揮する舞台を自分で用意することもできるでしょう。

しかし一方で、独立初年度は、前年の所得に応じた社会保険料の支払いに驚くということがよくあります。企業に雇用されていると、健康保険料と年金保険料の半額を会社が持ってくれていたことに気づきません。

また、自前の店舗や事務所を構えると、家賃や管理費、光熱費、文房具などの消耗品費、火災保険、そして事業所税など、さまざまな支出項目があることに（そして高額なことに）驚きます。

それまで「会社の経費」として使っていたものが、「自分の収入」を削る費目として、切実に見えてきます。また、会社員のときには権利として存在した「有給休暇」は、売上を減らす要因になったりします。これまで友人や同僚だった人が、「顧客」になったことに戸惑いを感じる場合もあります。

勤め人だったときには意識していなかったキャッシュフローや資金繰りについて真剣に勉強する必要がありますし、人を雇う立場になれば、雇用関係の法令や労災関係の知識も必須です。そして、税金を納めることの重みを感じ、活用できる補助金や助成金がないか、情報収集に余念がなくなるでしょう。従業員とのコミュニケーションがうまくいかず、せっかく採用した数少ない社員が退職した場合、責める人事部もありません。全責任を自分で引き受けることになります。給料日は楽しみな日ではなく、責任重大な一日になります。

こうした多岐にわたる学びはたいへんと言えばたいへんなことばかりですが、一通り経験しておくと、「社会で生きる力」が高まります。会社という「殻」で守られていた人にとっては、痛みを感じる体験かもしれません。しかし、それが経営者の醍醐味であり、自分らしく生きるための装備を整える大きなチャンスでもあります。

## 結婚生活の学び

日本の民法は、先進国の中では遅れていました。男性は一八歳で結婚できるのに、女性は一六歳で結婚。ただし親の許可が必要という、いろんな意味でツッコミどころ満載の法律でした。

二〇二二年にようやく、選挙権も成年年齢も一八歳ということで統一されましたが、いまだに旧態依然たる家族観・結婚観を語る政治家が散見されます。

さて、恋愛は人生の中でとても重要な学びでもあります。自分の気持ちが伝わらないことの虚しさや気持ちが通じ合う喜びが、脳内伝達物質の分泌によって大いに活性化されます。「リスクをとって行うコミュニケーション」という観点でも、人生の中で貴重な体験でしょう。「フラれるかもしれない、傷つくかもしれない」という不安と向かい合うことが、自分自身を見つめ、成長するチャンスになります。

そして、どんな伴侶を選ぶのかも大きな学びのチャンスです。かつては「三高」(高学歴、高身長、高収入)などといわれた属性や、容姿などを重視しすぎると、長い結婚生活に綻びが生じることもあります。近年はマッチングサイトを通じて結婚するカップルも増えていますが、意外と深いコミュニケーションをとって、相性を確認し合える場合も多いようです。

ところで、日本の離婚率は昔に比べると高くなっています。マスコミでは、離婚の理由として「性格の不一致」が第一位に挙げられますが、人間は人それぞれですから、もともと性格が一致する夫婦なんていません。これは私の仮説ですが、ハウスルールが決まっていないことによるケースが結構多いのではないでしょうか?

たとえば、シェアハウスの場合には、冷蔵庫や洗濯機の使い方のルールを決めて共同生活をスタートさせますが、結婚するときには改まってハウスルールを決めないほうが多いのでは? バスタオルをどのくらいの頻度で洗って、どう畳んで、どこに置いておくか、玄関先に靴を何足出しておくか、など結構バラバラで、そんな些細なことで夫婦ゲンカになっていませんか？

夫婦喧嘩したときの仲直りの仕方も、決めておいたほうがよいでしょう。

しかし、結婚生活というのはどういうものか、学校は教えてくれません。少子化が叫ばれる現代社会においては、恋愛について、結婚について、そして結婚よりも多大なエネルギーを要する離婚について、高校生が学べる機会が必要だと思います。

## 子育てからの学び

昔は、親になって一人前と言われたものでしたが、実際、子どもがこの世に生まれ出てきた瞬間から、私たちが子育てを通じて学ぶことは数限りなくあります。発達心理学者のピアジェは、自分の子どもの成長を観察する中で、さまざまな「発見」をし、現在の発達理論の礎をつくりました。私たち人間の学習のプロセスを子どもから、まさに学ぶことができます。

最近になってようやく男性の育休取得が励行されるようになりましたが、これまで、その貴重な学びの機会を女性に「押しつけて」きたとしたら、男性はずいぶんともったいないことをしてきたものです。

とはいえ、一方で、「自分の子育てに自信を持っている」という人の割合が極めて低いのも事実です。マスコミや教育産業が不安な気持ちを煽るのも困ったものです。また、他の家族の子育て事情を学ぶ機会も限られているので、自分の親から受けた子育てのパターンを踏襲したり、その逆パターンに極端に振れたりする場合もあります。

子育てを経験した方は実感していると思いますが、子育ての「第一条」は「子どもは親の思った通りにはならない」ということです。泣いてほしくないときに、ガン泣きする。食べこぼしてほしくないときに、食べこぼす。

子育てから学べることは、数限りないとはいえ、いちばんの「学び」は、「思い通りにならない存在」との直面に伴うさまざまなことでしょう。

思春期を過ぎても、「別の人格を持った一人の人間なのだ」という感覚がなかなか持てず、ついつい自分と同じように感じる、考える、行動するはず、という「あり得ない期待」を持っていることも多いようです。

私は、「子育てコーチング」の講習も行っているのですが、そこでいちばん強調しているのは、こうした期待をちょっと脇において、我が子の実像をしっかりと観察することの大切さです。理想と現実とのギャップにフラストレーションを感じたり、我が子を責めたり、自分を責めたりするのは合理的ではありません。

毎日、接している我が子ですが、よくわかっているようで、案外知らないことがあるものです。子育てコーチング講座での定番が「我が子を黙って三分間観察してみてください」という宿題で、多くの方が実際にやってみて、初めての体験だったとおっしゃいます。「ああせい、こうせい」という気持ちを抑えて、観察するという心のブレーキの性能を高めるのも、重要な学びです。

そして、子育てで磨かれる能力の一つが「相手の発言を遮らず」に「否定しない」で、「最後まで聴く」という傾聴力です。忙しいから、時間に追われているから、といった理由で、なかなかじっくり聴けていないものです。「傾聴」は、相手が話すのをサポートする、とても積極的で能動的なエネルギーの注ぎ方です。そのため、自分が話す以上にエネルギーを要します。自分の心の中に相手を受け入れるスペースがないと、聴くモードに入れません。

まず深く息を吐く。自分の内側に相手の言葉や気持ちが入ってくる余地をイメージしてみましょう。そして、我が子の発する言葉が、自分の意見や価値観と異なっていた場合に、自制心が問われます。

「いや、いや、いや」

「そうじゃないでしょ！」

などと相手を否定する発言を挟むのはNG。

「なるほど、そんなふうに考えていたのね」

「へぇ、そういう気持ちだったんだ」

「面白い意見だねぇ」

親子でも意見の違いはあって当然で、むしろ健全なので、賛成する必要はありませんが、「否定しないで受け止める」心のトレーニングのチャンスなのです。

「子育ては親育ち」とも言われますが、子育てを通じて、自分自身の人間的成長、最新学習歴の更新を図る大きなチャンスです。「育休、育業」を取得した人が「キャリアにブランクができてしまった」とおっしゃることがありますが、そんなことはありません。「我が子は親の思った通りにならない」のと同様、上司も、部下も、お客様も、あらゆる人間関係は「思い通りにならない」ものです。

子育ては、自己変容の学びであり、他者とつながり他者のために働く学び、すなわちライフディープ・ラーニングの最たるものでもあります。

## 病気、入院での学び

病気になってから学ぶことや気づくことも多くあります。

病気になると、死ぬ可能性を認識し、人生を見つめ直す機会になることが少なくありません。病気になったら自分の命をこの後はどのように使うのかを今までの何倍も考えるようになり、いろいろな物事の優先順位がはっきりしてきます。

病気になることは苦しいことで悪いものであるととらえがちですが、病気になった多くの人が自分は病気になったことで多くのことを学ぶことができたと語っています。

京都芸術大学の前学長の尾池和夫先生が心臓発作で倒れて救急車で運ばれている最中に書いた『急性心筋梗塞からの生還』（宝塚出版）という本があります。尾池先生は日頃からメモ魔（たくさんメモをする）ですが、自分が救急車の中でどのような処置をされたのか、看護師や医者の会話をすべて記録に残していて、それを本として出版しました。心臓外科医が書いた本はたくさんありますが、心臓の手術を受けた患者が書いた本は、あまりありません。

## 介護からの学び

本書をお読みの方の中にも、実の親、義理の親の介護の真っ最中という方がいらっしゃるかもしれません。介護もまた、人生の中での大きな学びです。私の両親は、「要支援」「要介護」の認定を受けることなく、「自立」のまま他界したのですが、多くは、自分の親が要支援、要介護になって初めて、地域包括支援センターの存在を知ることになるようです。介護保険の仕組みなどについて、若い頃から関心を持っている人は少ないとは思いますが、自分の親のためだけでなく、自分自身の将来のためにも、ある程度の知識は持っていたほうがいいでしょう。

けれども、こうした制度に関する知識よりももっと重要な「学び」があります。さらに深く重い、と言ってもいいでしょう。それは「現実を受け入れる」という学びです。加齢に伴い、弱っていく親の姿を見ること自体、辛いことです。まして、通院介助や着替え、食事、入浴、そして、排泄など、それまで親自身が自分でできていたことができなくなり、これをサポートするときには、複雑な気持ちになるものです。仕事や子育てとも並行して、タイムマネジメントが難しくなると、心の余裕がなくなることがあっても無理はありません。

また、認知症の人との接し方も知っているのと知らないのとでは、お互いのクオリティ・オブ・ライフ（QOL）に大きな違いが生まれます。認知症になると人は、自分を取り巻く世界が次第にわからなくなってきて、不安な気持ちになっています。昔のことは覚えていても、直前の会話が記憶に残りにくいので、同じ質問を何回もするのはよくあること。イライラしたり、感情の変化が激しくなることもあるでしょう。

そんなときに、介護する側が腹を立ててしまうと、人間関係が悪化します。今、置かれている現実と折り合いをつけ、怒りの感情をコントロールする学びは、なかなか一筋縄ではいきません。怒りは二次的な感情で、その奥には「愛したい、愛されたい」という感情が存在する場合が多いのですが、そこになかなか気づけません。

介護を受ける相手の立場に視点を移すことが大切です。運動能力や認知機能の低下を誰よりも悲しみ、最も不安なのは、老いていく人自身なのですから。特に「下の世話になる」ことに、大きな抵抗感を覚える人も多いのです。赤ちゃんのオムツを替えるのは問題なくても、大人のオムツは替える側にも、替えられる側にも、慣れるまでの時間が必要になります。仏教では「四苦＝生老病死」と言いますが、これらのすべてが学びである、と言えるのです。

介護、特に親の介護を通じて、初めて自身の老後、お墓、相続のことなどを考えるようになった、エンディングノートをつけ始めることになったという人も少なくありません。その過程で、自分自身の「死生観」と向き合うことになった、宗教に興味を持ち始めた、という人もいます。現代では、介護も子育てと並んで、大きな「学び」の機会となるのです。

## 死と接するときの学び

人は死ぬ生き物で、死ぬ前には、準備（終活）が必要です。死に対しても見通しを立てておくべきでしょう。

学校の中では、教科学習がほとんどで、人生の役に立つことが必ずしもカバーされていないように思います。結婚や子育て、終活を高校生に教えても、なかなか実感が湧かない部分がありますが、予告編を見せておくことも重要ではないでしょうか。

エンドオブライフ・ケア協会という、看取りを中心に活動している団体があります。

アドバンス・ケア・プランニング（通称ＡＣＰ）と言い、自分がどんな亡くなり方をしたいかを聞きます。生まれる「時」を自分で決めることはできませんが、死ぬ「時」に際しては考えておくことができるし、準備することができます。しかし、多くの人はあまり準備しません。私たちの人間の死亡率は一〇〇％。誰もがいつかは必ず死ぬというのに。

いちばん典型的なパターンは癌になり、もう意識もないけれど栄養を入れるチューブと人工呼吸器が付いたまま、ずっと生かされている状態です。医師は病気を治し、患者に一日でも長く生きてもらうためのトレーニングは受けていますが、その患者さんが最期の時をどう迎えるかのサポートをするトレーニングは必須とはされていません。そのため、医療的な手段がなくなると、まずは延命治療をと、自動的に動いてしまう医師が多いのです。

そこで、医師や看護師、本人と家族、ケアワーカーの人たちで、人工呼吸が必要なときにつけるかつけないか、口からものが食べられなくなったときにどうするのかなどをあらかじめ取り決めておくのです。これらが一般的に、アドバンス・ケア・プランニング（ACP）と呼ばれます。
穏やかな気持ちで本人も家族もその最期の時を迎えるようにしましょう、そのための勉強をしましょう、というのがエンドオブライフ・ケア協会の目的です。

人生九〇年、一〇〇年時代になってくると、最初に家族の死を経験するのがかなり遅くなって、なんとなくピンと来ないということがありますが、人の死というのは間違いなくやってきます。あなた自身の死も。そのための準備も大切な「学び」の機会と言えるでしょう。

# 第七章◉

# ライフワイド・ラーニング
# 空間軸で学習をとらえる

## 学ぶ場は無限

次に、ライフワイド・ラーニング、学習の横の広がりの可能性を検討してみましょう。すなわち、どこで何を学ぶか、さまざまな学習の機会について、考えてみます。

「最新学習歴は、大学やスクールに行かないと更新できないのですか?」

このような質問を受けることがあります。

答えは「ノー」。もちろん、体系立てて学ぶことができるので、大学やスクールに行くのはとても有効な学習方法です。また、同級生と学ぶことで、モチベーションを保ち続けることもできます。でも卒業しただけで満足してしまってはいけません。

実は大学で卒業したということにも価値はありますが、それ以上に、そこで何を学んだかということのほうが、大きな意味を持っています。たとえば、放送大学の学費は年間一六万円ですから、きちんと学ぶという意識を持って取り組めば、通学制大学の高い学費を払わなくても貴重な学びを得ることができるのです。

どこの大学に行くかということももちろん大事ですが、それ以上に一六八時間ある一週間のうち、大学に行く時間は三〇時間もないのですから、自分で時間をどう使って何をどう学ぶのかということが決定的に重要なのです。

コロナになって学校に通うことができなかった時期に、学費を返してほしいという声を聞きました。大学側が何かしてくれることを待っている人にとっては、そのように感じたことが多いかと思います。しかし、自分で何かできることを探している人の中には単位が取りやすかったし、自分のやりたいことができて、むしろお得だったと感じた人もいるわけです。大学側ももっとできることはあったのではないかと反省すべき点もありますが、一般に多くの人は学校に期待しすぎる傾向があります。

また実は、卒業証書を得ても、何を学んだのか、どんな能力を獲得できたのかが言語化されていないことが少なくありません。大学の授業はもちろん、アルバイトやプロジェクトであったとしても、そこから何を学んだのかが言語化されてない場合が多いのは非常にもったいないなと感じています。

## 自分は何を学んだのかということを言語化する――これが最新学習歴のポイントです。

学びの場は、学校やスクールだけではありません。世の中には、学びの機会や学習歴を更新し続けるチャンスはたくさんあります。これから、いくつかをご紹介していきますが、続けるにあたって重要なことをあらかじめ述べておきます。

一つ目がリフレクションです。自分で振り返ってみて、学習の体験の前と後で自分がどう変化しているだろうか、能力や知識、技能、態度にどのような変容があったのかということを振り返ることが大切です。

もう一つは、一人でやるのではなく、他の人に聞いてもらう、つまり、ダイアローグを通じて、言語化していく。このことによって自分の語彙だけでは表現できなかったこと、気づかなかった変化が認識されます。他者からの視点によって、自分の新しい進歩が見えてくるということもあるのです。

これからご紹介するのは、ほんのごく一部ですが、具体的な例を挙げて、ライフワイドの学びを深掘りしてみたいと思います。

## コンビニ

私は行政職員を対象とした政策構想力研修というのを二五年前から行っています。その際に必ず事前課題として出すのが市内見学です。コンビニやお墓、空手道場、リサイクルショップ、保育園、コインランドリー、特別養護老人ホームなど、社会のトレンドを象徴しているようなところを見学してくることを課題として出します。行政職の公務員の方の仕事は圧倒的にペーパーワーク中心なので、街や社会がどうなっていて、何が必要なのかということがわからないことが少なくないためです。

公務員に限らず、どんな仕事においても、実際にどこに人が住んでいて、そこにさまざまな暮らしがあるということを実際足を運んで観察して五感を使って学ぶ、温度感や肌感で感じるということが極めて重要です。

ライフワイドという観点で考えたときに、最初に見るのがコンビニです。

街の中でいちばん目立ち、数多くあるのがコンビニエンスストアです。コンビニは世界経済の縮図で、経済活動のさまざまな側面を学ぶことができます。

たとえば経済学では、産業構造について、第一次産業は農業や鉱業、第二次産業が工業、第三次産業が商業、サービス業と習います。コンビニは小売業として分類されるのですが、食べ物を販売しているので飲食業でもあるし、配達受付もしているので運送業でもあります。また、支払いや振り込みができるので金融業、コピーマシンもあるのでサービス業です。住民票を取得することができるので、実は官公庁の一部でもあります。

そうすると、コンビニの時給一〇〇〇円の店員は何業に属しているのかという問いに対する答えは、簡単ではありません。

また、コンビニは、Point of Sales（POS）をいち早く取り入れた業界です。

どんな商品が売れ筋なのかというのをいち早く察知し、売れる品は棚へ供給し、売れない商品は棚から外していくという循環が速い、とても厳しい業界です。

また、季節商品を多く取り入れて季節という文化を色濃く反映しているのもコンビニであると言えます。都会で暮らしていると、今は何の季節なのかがよくわからなくなってきますが、コンビニに行くと、ひな祭りや節分、恵方巻きなどの季節商品を、次々に出してきたりします。八月後半ともなれば、レジの向かいのほうに髪染めが置かれるようになります。二学期が始まる前に、夏休み中、明るくしていた髪を黒く染め直すための生徒に用意されているそうです。

季節感を反映するだけでなく、レジ袋の有料化、プラスチック容器の削減など、環境政策の最前線だったりもします。最近では、外国人従業員や無人レジも増え、人手不足への対応を先取りしていることがわかります。日本の経済構造の変化をコンビニで学習することもできるのです。

## お墓

お墓もライフワイドの一部で、ここからも学ぶことができます。

墓石の文字は、かつて手彫りだったものから、機械彫りが増えています。文字の滑らかさが全然違います。近年はどんどんとコンピューターを用いて削るようになりました。

これにより、従来できなかったデザインが可能になったり、彫刻のようなさまざまな形状のものが増えました。

お墓に供える花も、昔は典型的なものばかりでしたが、今は通常の季節の贈答用の花と変わらなくなり、お墓の文化も大きく変化しているのです。

今は、永代供養というと、一般には、遺族に代わって寺院や霊園がお墓の管理・供養をする埋葬の方法のことを指しますが、もともとは、数世代にわたって死者を供養する行為を指します。遺族であれ、寺院や霊園であれ、長期にわたってお墓を管理するという点では変わりません。しかし、この制度がいつまで維持できるかも、大きな疑問です。ロッカー式の納骨堂や樹木葬、散骨など、墓石を使わない「お墓」も増えてはいますが、埋葬スペースが何らかの形で増える一方だとすれば、極論すれば日本全国がお墓だらけになってしまうわけですから。土地利用の観点からも、長期的な視点で行政が考えておかないといけない課題だと思っています。

また、身寄りのない人や一人暮らしの高齢者の場合、家族・親族との付き合いが一切ない中でお葬式やお墓をどうするのかという問題もあります。親族の死亡届からお葬式、遺産相続などの手続きをすることになった経験のある方なら、現行の行政、制度が、いかに明治時代から変わらぬ、「家族」が存在することを前提としたものであるかがわかるでしょう。社会の変化に、行政は全く追いついていないのです。

全国各地で火葬場が不足する一方、ペット葬儀のニーズは高まっています。現地現場に実際に行ってみると、こうした行政の課題に気づく可能性が高いことでしょう。

街を歩いても、散歩をしていても、通勤の途中でも、さまざまな社会のトレンドや、社会問題を発見する力を高めることができるはずです。

## ●――パチンコ産業

二〇〇五年のピーク時に、パチンコ産業は三五兆円産業でした。その後はだいぶ縮みましたが、二〇二二年時点で一四・六兆円という経済規模を持っています。数字が大きすぎて、ピンとこないかもしれませんが、国民一人あたり年間約一二万円使っている計算になります。かなりの金額です。一般的に、パチンコ産業は、その市の一般会計予算の四割くらいの経済規模を持っていると言われます。

今のパチンコの普通の機械は時速(一時間に落ちるお金)二万円から三万円と言われています。パチンコをやらない人もいますから、三人やらない人がいるとどこかに年間四八万円使っている人がいるわけで、九人やらない人がいたら、一二〇万円使っている人がいるという計算です。ギャンブルで破産する人がいても無理はありません。

一方、クレーンゲームやプリクラ、ボウリング場、カラオケなどの町中の娯楽施設はいったい一時間いくらぐらいのお金が落ちていくんだろうと考えると、いろいろなことが見えてきます。そうすると、喫茶店で一杯五〇〇円のコーヒーだけで長く居座られたら、そのお店の経営は難しいだろうということなどを学ぶこともできます。兆や億という大きな数字も割り算すると、一人あたりの金額が見えてきます。

全国各地で「シャッター商店街」の問題が噴出しています。商店一日の売り上げが下がり、商売として成立しなくなるということです。そうするとシャッターに絵を描いたり、ギャラリーを設置したり、更地にして駐車場にしたりしますが、その地域に住む人が総体として使えるお金の金額は決まっているわけですから、そもそもこの町は、どれくらいのお金を生み出せるのか、という数学的な裏付けを考えなければ、何をやってもお客さまがつかない、開業資金が回収できない、ということになってしまいます。

このように、お店の客単価や回転数などに関心を持つだけでも、経済や経営、マーケティングの生きた学習になりますし、専門的な学びを深めていくきっかけにも、起業の準備にもなります。

## 交通

自動車運転免許には一八歳以上という下限はありますが、上限はありません。日本は少子高齢化社会であり、近年は高齢者が引き起こす重大な事故が増えています。アクセルとブレーキの踏み間違いが大きな原因とされています。

免許年齢の上限がない制度ということも問題ですが、車の性能や方式も進化させていくべきです。今の自動車は基本的にブレーキとアクセルを足で操作する方式になっていますが、これは絶対にそうでなければならないという必然性ではありません。

足を使わずに、手だけで操作できる手動運転補助装置付きの車も増えていますし、ゲーム機のコントローラーのようなディバイスで操作することも可能なはずです。電気自動車であれば、ブレーキとアクセルという仕組みそのものを見直すこともできるでしょう。

また、車に乗るときに鍵でドアを開けますが、これも「探究」の対象となります。そもそもなぜ鍵があるのでしょうか？　鍵は、その車の所有者であることを証明し、他の人に盗られないようにするための本人確認手段として使われてきました。したがって、鍵を盗まれたり、型をこっそりとられたりすると車の盗難に遭いやすくなります。しかし、本人確認が目的であれば、暗証番号や指紋、目の虹彩のパターンでもよいわけで、そのほうが信頼性が高いかもしれません。デジタル化が進んでいる現代において、車も住宅も「鍵」というものの意味が見直されてきているのです。

日本が車社会になるにつれ、車と共存するためにいろいろなインフラが整備されてきましたが、燃費のよいハイブリッド車や電気自動車の普及によって不要になるものも出てきます。ガソリンスタンドも減っています。

信号機もそうです。信号機は車のためだけに存在しています。そのため、自動運転技術がさらに進化した未来、路上から信号機はなくなります。道路の上に存在するさまざまな情報が、車のコンピュータに集約されて、自動的に運転が行われ、交通の流れが制御される未来がかなり近くまで来ています。待っていると愛車が迎えに来てくれる日もきっとそこまで来ているんだと想像すると、ワクワクします。

街の中のいろいろなものを観察するだけでもとても学びがあります。科学技術の進歩に関心を持ち、未来予測を楽しみたいものです。

## 児童遊園

最近の都内の公園は防災拠点として登録されることが多く、公園自体も変わり始めています。児童遊園と呼ばれる都市型の公園には、砂場・ブランコ・滑り台が必ずありました。しかし、今では子どもたちが児童遊園で遊んでいること自体が珍しくなり、遊具も年々減っています。砂場は、かつては小さな子どもの遊び場として一般的でしたが、犬や猫が糞をすることもあり、子どもが安全に遊べるように掃除をするなど維持管理がたいへんなため、最近はその数が減っています。

また、今の昼間の公園には子どもではなく、高齢者が多いことから、擬木のベンチが置かれることが多くなっています。

さらに、自然災害や地震などに備えて防災倉庫が設置され、備蓄用の水や食べ物、場合によっては地下に貯水槽が設置されています。震災などの災害が起こったときには飲み水にもなり、消火栓にもなるのです。

そして、最近の公園のトイレはジェンダーフリーやバリアフリーの多目的トイレになりました。引き戸式で手すりがついていたり、車椅子でも入れる設計になっています。個室で誰でも使えるというトイレが増えているのです。


今後は、都市内小農園の整備も進んでいくでしょう。生ゴミを堆肥化して減量したコンポストの受け皿にもなり、脱炭素化に貢献します。

社会の断片の中に構造やトレンドが映り込んでいるということを意識して生活するというのは、非常に重要な「学習学」的な生き方です。

## キャンプ

コロナの影響で、ソロキャンプ、つまり一人でキャンプに出かけることが流行しましたが、キャンプの中で学べることもたくさんあります。

日常で当たり前にあって気づかなかったものが実は重要なものであることに気づいたり、何かが足りないというときに、何で代替できるのか工夫して考える必要があったりするからです。

その過程で、過ごしていた日常は当たり前でなかったということに気づきます。また、足りないものに気づいたときは、これまで人類が、それらの課題を解決することで進化してきたことを改めて思い知らされます。

ガガーリンが宇宙に行って「地球は青かった」と発言したとき、宇宙に滞在した期間は一時間四八分でしたが、今は宇宙ステーションに半年以上滞在します。そうすると、必要最低限の食料や日用雑貨だけでなく、無重力の空間で弱くなる筋肉を強化するためのもの、また、狭い空間の中で気分転換のためのものも必要なことがわかってきました。このため、今では必需品として、スポーツトレーニング器具が装備されています。

このように人類は常に足りないものを発見して、それを補う、ということを行ってきました。

もう一つ例を挙げましょう。大航海時代の船員は、深刻な壊血病という問題を抱えていました。ビタミンC欠乏症であり、船上で必要な栄養素を十分に摂取できないことから生じます。後年、ライム果汁を飲んで、壊血病を防いだという歴史があります。

時代や状況に応じて本当に何が必要かということを考え、不必要なものは削ぎ落とし、必要なものを実体験から取り入れてきたのです。

アメリカの建築家・思想家、バックミンスター・フラーは、一九六三年に「宇宙船地球号操縦マニュアル」を著し、宇宙の視点から地球社会のあり方を考察し、資源の有限性や希少性、そして人類の知恵を集めることの大切さを説きました。私たちはここでもう一度、いったん立ち止まり、地球全体の視点から、本当に必要なものは何か、それらを補うためにどう工夫していくべきか、知恵を出し合い、生きていかなければならないのです。

キャンプというのは。私たちが地球の未来のために、限られた資源をどう工夫し活用して生きていくかのシミュレーションの場になり得るのです。

## 昔の本やノート

昔の日記や学生時代のノートを読み返すということも、社会人のよい学習となります。学生時代の日記やノートを保管している人はいるけれど、読み返す人はなかなかいません。しかし、これを行うことで自分の成長の軌跡を感じることができます。恩師や先輩への感謝の念はもちろん、恨みや辛い思い出も含めて、いろいろな人との関係を振り返ることで、今の自分を見つめ直すことができます。あのときはあの人のことを赦せなかったけど、今は赦せる。そんな自分の成長を感じることもできます。過去の自分の軌跡を見つめ直すことは、自分自身の、いわゆる「メタ認知」に、いちばんよい方法です。

また、昔読んだ本を読み返してみることにも似た効果があります。読み方が全く変わっていることに気づくことがあるのです。

私の場合は最近、星新一さんのショートショートを読み返してみて、大きな変化を感じました。星新一さんが未来社会に対していかに深い洞察をお持ちだったのか、人間というものに対する理解をお持ちだったか、若い頃には思い及ばなかったことを感じ、感服しました。さらには、マスメディアというもののサガや、医療関係者の特性、権力の持つ本来的な非情さなどを予測していることにも改めて気づかされ、いくつもの新しい発見をすることができました。

## 家庭内学習、教科外学習

ここで、視点を子どもたちに移してみましょう。

学校という「装置」ができたことで、多くの日本の家庭は勉強を学校に依存する状態になってしまいました。しかし、子どもたちにとって本当に重要なのは家庭内学習です。一週間一六八時間のうち、学校の授業は三〇時間です。家庭にいる時間のほうが圧倒的に長いのです。子どもたちは家庭で、起きている五〇～六〇時間の間に、実はものすごく多くのことを学んでいます。親の行動、言動のパターンやテレビからの情報、ネット上のコミュニケーション方法など、日常生活の中で多くのことを学んでいます。

親が就いている仕事から職業観を学ぶこともあります。職業観とは、世の中にどんな仕事があって自分はどんな仕事に就くのか、働くとは何のためで、実際どんなことなのか、といったことです。今まで子どものなりたい職業ランキングの上位は、スポーツ選手、アイドル、タレントが占めていましたが、ここ数年はYouTuberになりました。子どもたちがどれだけ、YouTubeやネットに時間を費やしているのかということがわかります。

また直近の調査によると、なりたい職業の上位に会社員や公務員が入るようになりました。コロナによってリモートワークが増え、両親が家で働いている姿を見て、こうやって僕たちの生活を支えてくれているんだと、仕事というものを身近に感じたのかもしれません。

また、仕事の仕方も家庭の中で学べます。社会の中で必要な礼儀作法、挨拶、お行儀などのスキルも家庭の中で身につけていくものです。テーブルマナーやお茶碗の持ち方、お箸の握り方、鉛筆の持ち方、こういうことは学校で学ぶことはできません。親戚の人やご近所の人たちなどの大人の人との話し方や間合いなど、年齢や立場の違う人たちとどのように接して人間関係を構築するのかというのも、家庭の時間から学んでいくべきでしょう。

私の場合、実家の呉服屋の手伝いをしていたときに、祖父や父がお店でどのようにコミュニケーションをとっているのかを見て、敬語や礼儀、マナーなどを学びました。祖父は、仕立て屋、染め屋、洗い張り屋、染み抜き屋など、職人さんたちがいるからこそ、呉服屋（悉皆屋《しっかいや》）の仕事が成り立っている、多くの人に支えられているのだから感謝しないといけないよ、と教えてくれました。

このように家庭の中にこそ社会で生きていくために大切なことがあるのです。

また、料理、掃除、洗濯、いわゆる家事も家庭内で学べます。学校の家庭科の授業で家事を少し学びますが、時間数だけで考えたらそんなに多くありません。家庭科の授業だけで、料理が上手になった人はあまり、聞いたことがありません。

掃除も重要です。私は大学を卒業してから松下政経塾に入り、そこでの研修でいちばんの基本であると教わったのが挨拶と掃除でした。

あらゆることが人間修行につながるということが松下幸之助氏の考え方です。松下政経塾には『万事研修のこと。見るもの聞くことすべてに学び、一切の体験を研修と受け止めて勤しむところに真の向上がある、心してみれば万物ことごとく我が師となる』という言葉があります。

掃除も研修の一部で、最も重要な柱でした。私が塾生だった時代には、朝六時に起きてラジオ体操をして、五〇〇〇坪ある茅ヶ崎の松下政経塾の拭き掃除や掃き掃除、トイレ掃除を行いました。

その中でも要領のいい人は学習し、効率よく広い面積をきれいに掃除できるようになっていきますが、掃除能力を高めようという意識を持っていない人は、落ち葉掃きでも本当に狭い面積しかきれいにすることができません。松下氏はよく、「生産性の高い政治」

「生産性の高い経営」と生産性に着目していましたが、生産性の高い掃除というのもあるのです。

学校にも掃除の時間があります。どのようにしたら短時間で広い面積を、もっとうまく美しくできるかなど、掃除は探究学習のテーマとなるでしょう。

学校には、給食の時間もあります。給食の時間にその食べものがどこから来たのか、どんな栄養価を持っているのか、どんな歴史や文化を背景に料理が作られたのかを考え、学びながら食べるということもできそうですが、食育に力を入れている一部の学校以外では行われていないようです。

また、運動会の前には、徒競走の練習、ダンスの練習、大玉転がしの練習をしますが、このとき、理科や算数の勉強と組み合わせているかと言ったら、運動会は運動会として単体で存在し、他の教科学習と結びつけられてはいないケースがほとんどです。もったいないことです。

ライフワイドとは、家庭内でも学校内の教科外活動でも、いろいろなところでの学びがつながっているということ。つまり、すべてが総合学習だということなのです。

## PTA

女性の社会進出があまり行われていなくて、専業主婦が圧倒的に多かった時代には、平日の昼間にお母さんたちが集まり、学校の行事や運動会の準備、ベルマークの整理などの活動をすることが可能でした。しかし、現代の日本においては、半数以上の母親が平日の昼間に働いていて、時間を取れないのが実情です。その結果、PTAの役員選挙は欠席裁判になり、出席しなかった人に押し付けられ、押し付けられた人も何もやらないといった状態をよく耳にします。今の時代こそ、PTAの会合はオンラインで開催すべきでしょう。

そもそも会長だけ男性で、他の役員は女性、といったジェンダーバランスが異常なPTAも少なくありません。PTAもまた、社会背景を反映するような形で変化していったら地域の教育力が高まっていくのではないでしょうか。

## オンラインで学ぶ

コロナの影響も手伝って、学びの形も多様化が進んできました。学校等に通わずともオンラインを活用することで、学びの楽しさに気づくことができた方も多いことでしょう。ここでは、通信教育やオンライン学習を進める上でのコツをご紹介します。

### ❶目的を確認する

オンラインで学ぶ中で重要なのは、なぜそれを学ぶのか、勉強したいと思うのかという目的を確認することです。何か資格を取るため、仕事に役立てるため、キャリアアップのためなど、目標を立てるのです。楽しいとか何か自分の可能性を試してみたいなどの曖昧な目標でもかまいません。とにかく目標を確認します。

そして、何かやってみたいなと思ったときに、「あ、これ楽しそう」とか「面白そう」とか「自分にも通じそう」などと、自分の興味関心や好奇心の赴くままにスタートするとよいでしょう。

### ❷情報収集、お試し。同じジャンルでいろいろ試す

迷う前に、なんでもいいから、とにかく始めてみましょう。そして、何か違和感を覚えたら、それを学ぶこと自体をやめるのではなく、同じジャンルで別のコースを試してみます。

たとえば、オンライン英会話を始めてみて、何か違うと思ったら、オンライン英会話自体をやめてしまう人が少なくありません。そんなときは、他のオンライン英会話を試してみて、自分に合うものを探せばよいのです。

オンラインは学びの選択肢が広く、世界中のプログラムをお試しできることがメリットです。お店での洋服選びと同じです。試着して、似合うものを探すのです。

このいろいろ試着して似合うものを見つけていくプロセスはとても大事で、さまざまなプログラムを試しているうちに、当初は英語をやるつもりだったのに、急にフランス語を学ぶことになったりするようなことがあるわけです。

「一つのことをやり続ける」こともとても尊いことですが、長続きさせるためにも、たくさん試着すること。そのうちだんだん目が肥えてきます。それがとても重要です。自分が本当にしたいこと、学びたいことがわかってくるでしょう。

### ❸記録をつける

外国語の会話が急に聞けるようになったといった形で、進歩・成長を実感することができたらよいのですが、なかなか実感する機会がない場合もあります。

試験を受ければ、点数が伸びたことで実感できます。しかし、テストを受けるということ自体、お金がかかります。たとえば留学に必要なTOEFLは一回の受験料が三六〇〇〇円（二〇二四年四月現在）かかるので、そう何回も受けられません。では成長してないのかと言ったら、感じられていないだけで、進歩していることも多いのです。

しかし、進歩していることを実感できなければモチベーションにはつながりません。いくらやっても伸びてるかわからないとやる気がなくなりますが、自分のやってきた学習履歴が見える化されると自信につながり、モチベーションが高まります。「今月は八〇時間頑張った。来月は一〇〇時間を目指そう」というように、結果ではなく、プロセスを具体化できるのです。

そのため記録をつけることは大切であり、それはノートでもいいし、今は学習履歴をつけるアプリもたくさんあるのでそれを活用することをおすすめします。

## ❹仲間、師匠を活用

ＮＨＫの語学講座は、多くの人が最初の一、二回でやめてしまうそうです。大きな原因は、一人で始めてしまうからです。続ける最もよい方法は、仲間を見つけることです。一緒にやっていこうという仲間がいると手が抜けません。だから、長く続けることができます。いい意味でのライバル意識、建設的な切磋琢磨の関係を持ち続けることが大切です。あの人に追いつきたいとか相手よりも先に英検２級を取りたいとか、学習意欲を高める上で役に立つと思います。

## ❺イメージトレーニングとご褒美

人間は、達成した先に「餌」があると頑張れます。資格やなんらかの賞もそうですが、そうでなくても、何千時間やったら自分にご褒美を与えるといった決まりをつくっておくと、もう一踏ん張りできたりします。

ＴＯＥＩＣの試験が終わったら欲しかった洋服を買うとか、好きな食べ物を思う存分食べるなど、なんでもよいので、頑張った先にご褒美を置いておくとよいでしょう。回らないお寿司屋さんかもしれないし、温泉旅行でもいい。合格のイメージを鮮烈に具体的に細かく映像化すればするほど現実のものになる可能性が高くなります。

世界ではイメージトレーニングを活用しているアスリートはたくさんいます。スポーツだけでなく、資格試験などにも活用できるのです。自分が、合格してその資格を活用して誰かのために働いている様子、この資格を取ってよかったと思える未来になっている様子など、映像して取り組むとモチベーションの向上につながるのです。

### ❻楽しむ工夫

同じパターンで続けていると、マンネリ化に陥ったり、飽きがくる場合があります。そんなときは、少しやり方を変えてみるなど楽しむ工夫が必要です。それは学習時間を夜から朝に変えることかもしれないし、誰かと一緒にやることかもしれません。BGMや照明、服装、場所を工夫してみるとか、ノートのとり方を紙からタブレットにしてみることかもしれません。

ちょっとした工夫で、学びのパフォーマンスが劇的に向上することもあるのです。

### ❼質問や問い合わせ機能、アンケート改善提案

オンラインはどうしても受け身になりがちです。問い合わせ窓口や質問などの機能があるので、それを最大限活用しましょう。授業の内容に関する質問だけでなく、この機能は何ですかとか、どうしてこういう仕組みになっているんですかといった、システムについての質問を投げてみてもよいでしょう。また、プログラム提供者の視点に立って改善提案を行うのもおすすめです。もし採用されたら素晴らしいですし、たとえ実現しなくても、提案すること自体が重要です。いろいろなコミュニケーションチャンネルを主体的・能動的に活用しましょう。

### ❽気分転換、ストレッチ、目を休める

長く勉強をしていると、姿勢が固まって体が痛くなったりしてきます。目が疲れたら、一分程度目を閉じて休める、時々ストレッチをしてみるなど、体に意識を向けて整えることが大切です。我慢して頑張りすぎずに、疲れたら休むこと。深呼吸も脳に酸素を供給するために重要です。栄養素的に考えるならば、ビタミンBが大切です。ビタミンB剤は疲労回復にはとても重要なうえに、意識しないとなかなか摂れない栄養素です。

### ❾ "0"の日をつくらない

何もやらない＝0の日をつくらないようにすることが大切です。ダイエットでも英語の勉強でも資格の勉強でも、0の日をつくらないことが継続のキモです。一日、0になると、翌日も0になる可能性がかなりあるからです。「うわ、継続できなかったからもうダメだ」となり、そこから、0の日が続いてしまうのです。0にならないように一分でも五分でもいいので最もハードルの低い学習活動に手をつけることです。寝る前にへろへろになったとしても0にしない。ここだけは、少し歯を食いしばってやりましょう。

### ❿もし、0が発生したら、翌日は0にしない

ここは前項と矛盾になってしまいますが、もし前日に0になってしまったら、翌日は絶対に0にしないことが大切です。昨日は0になってしまったけれど、今日は新たな気持ちでスタートしようと、翌日は0にしない。翌日からまた新しくスタートするのです。

そのためにも記録をとることが大事ですし、仲間と協力することも非常に重要です。

# 第八章◉ライフディープ・ラーニング
# 自己変容のための学習

## ◉——人生の特異点

「ライフディープ・ラーニング」というのは、人生の深さに焦点を当てた学習。いわば、人間的、精神的な成長のための学習です。

あなたのこれまでの人生の中で、最も充実していた時期はいつだったでしょうか？そのときに、どんな体験や気づき、発見、学びがあったでしょうか？

教育学には、時間はすべての人にとって均質に流れる、という前提があります。教育課程の「六・三・三・四制」や学校ごとに定められた時間割は、この前提に基づくものです。しかし現実には、時間感覚には密度があって、濃密な時間はあっという間に経ってしまうし、退屈な時間は長く感じられるものです。

私のコーチング研修の定番メニューである「ヒーロー・インタビュー」は、ペアワークでお互いにこうした質問を発し、問われたら語るエクササイズです。

日本人は謙遜する癖があるので、最初のうちは、「そんな大した体験ないですよ」などと言っていた人が、次第に温まってくると、生き生きと自分のヒーロー体験を語り始めます。そして、多くの人が、体温が上がり、エネルギーが湧いてくるのを感じた、と述懐します。

学校の教科を通じた学びは、積み木を積み上げていくような作業で、これはこれで大切ですが、パーツが揃っていても、全体の設計図が定まらないと、形が決まりません。一つの体験が設計図を決めるきっかけとなり、人生全体に意味・影響を持つことは珍しくありません。

図10

人生の特異点

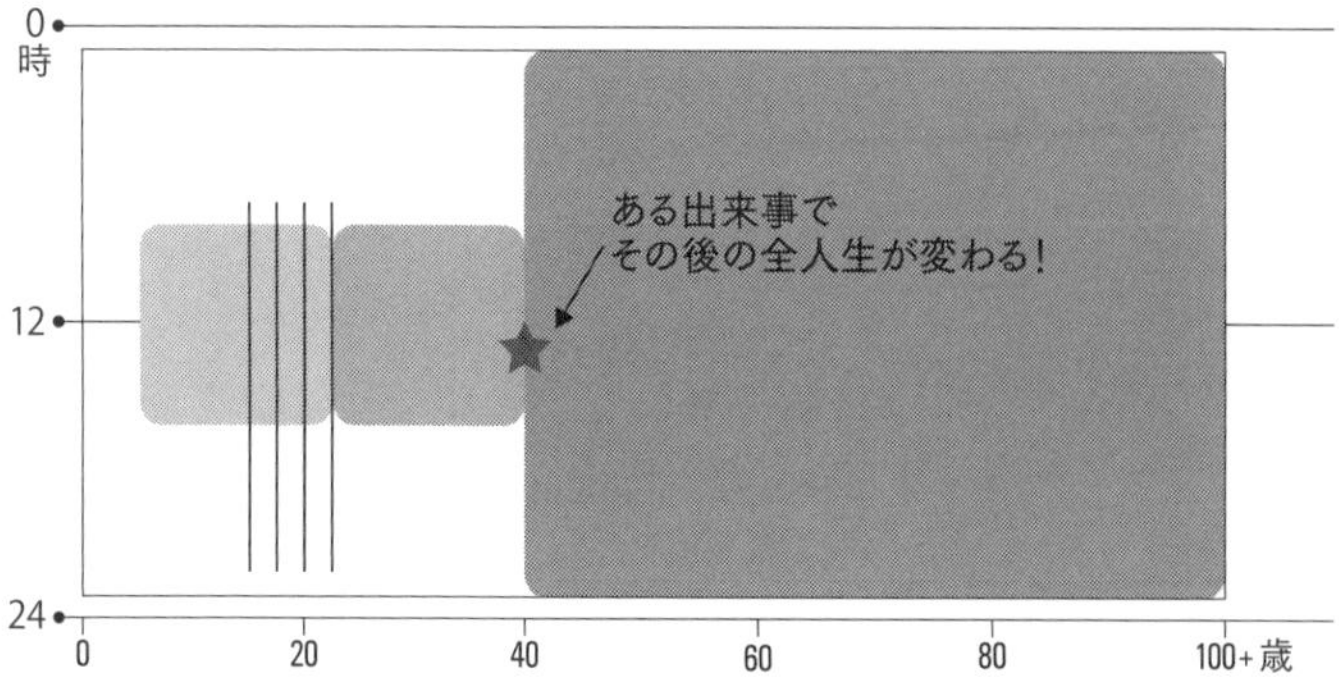

「シンギュラリティ(singularity)」という言葉は、現在は「ＡＩが人間の知性を超える」という文脈でもっぱら用いられていますが、システム科学では「特異点」を指し、変数の小さな変化が全体に大きな影響を与えることを意味します。

人生の中には、ターニングポイントとなるような特異点がいくつも存在し、数年間の営みよりも重大なインパクトを持つことがあるのです。

## 人生はフラクタル構造

他方、ある人の一挙手一投足、一つの発言にはその人の全人生の学びが映り込んでいるというケースもあります。気持ちのやさしい人は、歩き方にも、配布資料の渡し方にも、食事の仕方にも、そのやさしさがあふれています。

立派な人格の持ち主は、他者との応対にも、電車の乗り方にも、お見舞いの声のかけ方にも、行き届いた配慮がにじみ出るものです。

逆に、どんなに弁の立つ人でも、顔の表情や声の響き、ちょっとした所作などに、エゴイスティックな本性が透けて見える場合があったりします。

こうした現象を「一事が万事」と表現することもあるでしょう。数学では「フラクタル」（自己相似性＝一部を取り出しても全体と似た形になる）と呼びます。

つまり、「すべての人生体験＝学習体験」はつながっていて、それまでの全人生が反映しているということです。

古来、儒教は「君子」の道を説き、五常「仁義礼智信」や八徳「仁義礼智忠信孝悌」を知識として知るだけでなく、実践することを

**図11**

人生はフラクタル構造

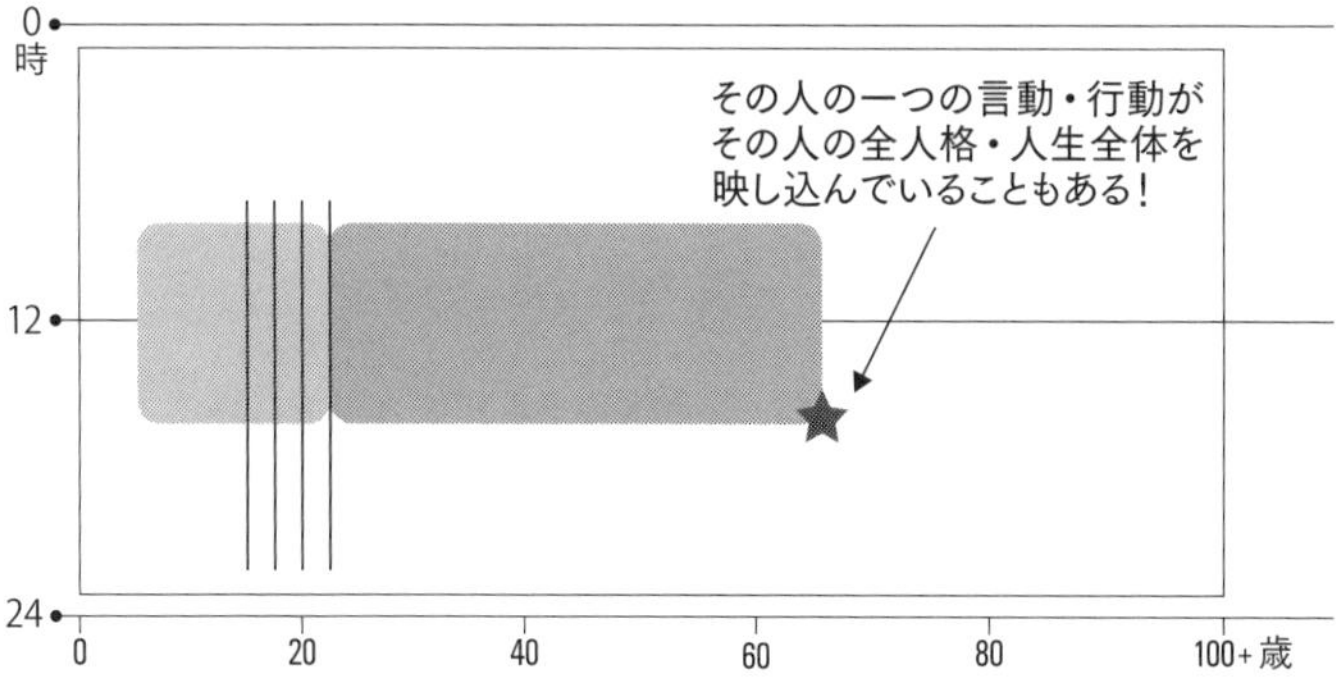

0時
12
24
0
20
40
60
80
100+歳
その人の一つの言動・行動が
その人の全人格・人生全体を
映し込んでいることもある！

尊びました。

江戸時代の官学として保護・奨励された朱子学は、ともすれば、統治のために都合のよい体系で提供されましたが、本来は、人としての成長、人格の陶冶《とうや》、まさに、明徳の道を指し示すものだったのです。

## 自己変容学習

旧来型の学校での学びは、変化しない自分の外側に知識や技能をくっつけるイメージでとらえることができます。

人の大きさは変わらずに、持っている知識や技能の円が大きくなっています。

図12
自己変容学習

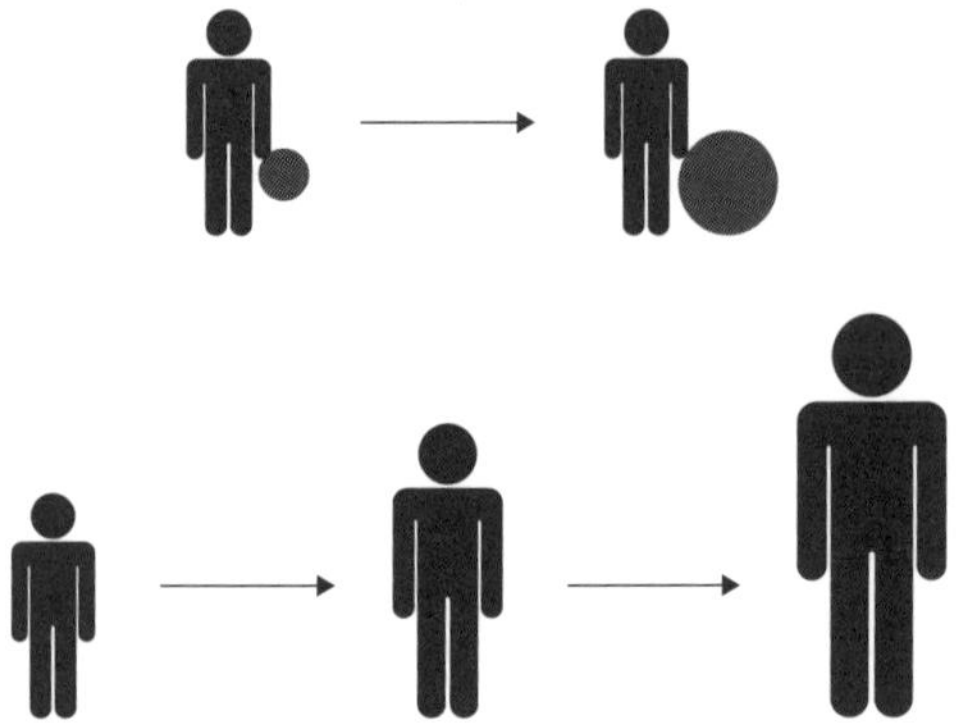

これに対して、自己変容学習は人そのものが成長、進化するイメージです。

この図では「人間的成長」をサイズで示しましたが、実際には、やさしさや思いやり、判断力、決断力、勇気、先見性、想像力、創造性、道徳心、異文化感受性など、「目に見えない変化」である場合が多いのです。ではたして、学校教育の中で、あるいは社会人になってからの学びで、自分自身の人格を高めるためにどんなプログラムがあるでしょうか？

アップル社やマイクロソフト社が、本社の敷地内にメディテーション・センターを設けて瞑想を奨励したり、かつてのグーグル社が「二〇％ルール」で社会貢献を促したりしたのは、人間性を磨くLife-deep Learningの取り組みだと考えられます。

一九八〇年代、開塾当初の松下政経塾では、「徳知体三位一体の研修」という方針の下、「茶道」「書道」「（中国）古典」という「徳育科目」が設けられていました。四〇余年経った今でも、裏千家の茶道は必修で、多くの卒塾生が「茶道を学べてよかった」という感想を持っています。

私立の幼稚園や小学校では、「情操教育」と呼ばれる宗教科目や道徳的な体験学習も、

「人としての在り方」に指針を与える目的で行われています。一つの価値観を絶対的なものとして子どもに教え込むのは危険を伴いますが、気づきや発見を通じて、広い視野が涵養されるのならば素晴らしいことです。

## ●──リフレクションで意味を見出す

では、自己変容のためには、瞑想や茶道をしなければならないのか、というと決してそんなことはありません。毎日の仕事や暮らしの中で、ライフディープ・ラーニングを実践することができます。

その鍵は、リフレクションです。

今日も明日も明後日も、同じ日常が続く、と思っている人には、学びは起こりにくい。実は、社会は変化しているし、自分自身の細胞も新陳代謝しているし、環境や他者との相互関係の中で、感じ方や考え方も微妙に変化しているはずなのです。

そこでまずは、一人の時間と空間を確保して、自分の一日を、一週間を、一カ月を振り返っていきましょう。反省ではなく、振り返り（リフレクション）が大切です。

では、反省と振り返りの違いは何か？　繰り返しになりますが確認しておきます。反省というと、真面目な人はどうしても、うまくいかなかっこと、不十分だったこと、不適切だった行動や言動が頭から離れず、結果的にエネルギーレベルが下がります。「元気な反省」というのは、あまり聞いたことがありません。

これに対して、振り返り（リフレクション）は、どこがうまくいったか、よかったか、ポジティブな面にも光を当てて、きちんと認識します。そして、さらにうまくいくためにはどのようにしたらよいか、未来に向けての行動計画まで視野に入れて考えます。

一言で言えば、Good & Better（どこがよかったか、どうすればさらによくなるのか）が、リフレクションの鍵なのです。

そこで生み出されるのは、自分にとっての「意味」です。

「蓼《たで》食う虫も好き好き」という諺がありますが、他者にとっては全く価値のない体験が、ある人にとっては人生最高の瞬間だった、ということがあり得ます。人は、制約なしにさまざまなことを感じる力、意味を見出す力を与えられています。

そして、このことこそが「学習する存在」（ホモ・ディスケンス）の真骨頂と言えるかもしれません。

たとえば、同じ日に同じ場所から富士山を眺めたとき、何を感じるかは十人十色。Aさんは、ひたすら山の美しさを感じる、Bさんは自然の大きさと人間の小ささを、Cさんは富嶽三十六景を、Dさんはビジネスチャンスを、Eさんはオーバーツーリズムによる環境破壊を意識するかもしれないのです。

まさに、感じ方に正解はありません。そして、この富士山の景色が、ひょっとすると一人の人の人生に決定的な影響を与えることもあるのです。

## 対話型鑑賞で視野を広げる

京都芸術大学には、アートコミュニケーション研究（ACOP）センターが置かれ、我が国で対話型鑑賞を普及する先頭に立って企業研修や教員・一般向けワークショップなどを開催しています。同センター教授の福のり子先生がMOMA（ニューヨーク近代美術館）で、VTC（Visual Thinking Curriculum）やVTS（Visual Thinking Strategy）を学び、日本に紹介されたのがきっかけです。

独立行政法人国立美術館 国立アートリサーチセンターの稲庭彩和子さんは、前職の東京都美術館で「とびらプロジェクト」をリードし、子どもたちの対話型鑑賞能力を高めるファシリテーターを養成されました。

ビジネススクールのケーススタディでも、活発なディスカッションが奨励されます。ただし、ケースとなるのは、世界的大企業の過去の経営方針であることが多く、「現実にどうなったのか」ということが、うまくいった場合の正解に準じる基準になってしまいます。しかし、前節の富士山と同じように、一枚の絵を見たとき、どこに着眼し、何に気づき、どのように感じるかは千差万別。正しい鑑賞方法というものが存在するわけではありません。

対話型鑑賞の場合、芸術作品のとらえ方に関しては「正解が一つではない」「多様な感じ方が許容される」ので、より自由にダイアローグが行なわれ、「へえ、そんな見方があるんだ」「わ、そこは気づかなかった」といった発見が生まれ、多様性を受け入れる度量が涵養されるのです。

# エピローグ◉学習する地球社会を目指して

# 「関係性」における「教育」と「学習」

学習は単に自分一人が成長するための営みではなく、他者とともに外に向かう生き方です。**学習学的生き方とは、外界の未知なるものに対して働きかけ、つながっていく生き方**なのです。

さて、現代を生きる人間は、それをどれだけ実現しているでしょうか。

現代の、特に先進国の成熟した社会では、コミュニケーションはともすれば味気なくビジネスライクになりがちです。特に大きな組織で働く人は、自分の組織にまつわる利害関係を常に意識し、自分の社会的立場を通して話すことが多くなります。同じ組織の内部でも、上司／部下、正社員／派遣社員、製造部門／販売部門、などさまざまな立場が発生し、みながそれを自分のアイデンティティとして強烈に意識しています。異なる立場の人とは、その地位や影響力を暗に競い合い、利害が一致しないときは深刻な対立に陥ることもあります。

これらは「Position-to-Position」のコミュニケーションと言われるもので、「つながる」関係とは正反対です。立場の違いが強調され、自分の立場を守り主張しようという気持ちが前面に出るからです。

「教育」の現場は、基本的にこうした関係性によって構築されています。教師がその立場において生徒に知識を与え、「～しなさい」「～してはいけない」と命令して従わせる関係です。

子どもたちはこの関係の中で窮屈さを覚えながらも、「知識を得る」というメリットも獲得します。そして社会人になった後は、その経験に基づいて、「命令する・される」人間関係が社会の中で再生産されます。

立場の違いがあるのはやむを得ない面もありますが、ともすれば人と人とのつながりが軽視され、疎外感や孤独感や対立関係を生み出す土壌にもなります。それがPosition-to-Position的な関わりの限界だと思われます。

学習学は、その限界を超えるためのアプローチです。

この章では、学習学の限りない可能性と、「究極の目的」について語りたいと思います。それは「ラーニング・プラネット」＝学び合う地球社会の形成です。「教育」的な発想だけでは決して実現しない学び方を通して、人類全体が、他者とつながることを目指して生きていく――そんな理想像を描いてみます。

## 学習は「他者とつながる営み」である

「つながる」関係とは何かについて、もう少し詳しくお話ししましょう。

私はこの関係を、**「Position-to-Position」に対して、「Heart-to-Heart」のコミュニケーション**と呼んでいます。

「私自身はこう感じます、あなたはどうですか？」と自己開示し、聴き合う関係が、真の人間関係を生み出します。

学習学は、常にこの姿勢で外界と向き合うことを目指します。

もちろんその際、人は多くを試されるでしょう。違う価値観、賛成できない考え、どうアプローチしてよいかわからないほど遠く思える他者としばしば出会い、困惑することもあるでしょう。しかし、自己中心性を超える力の獲得も、学習学的生き方の中には含まれています。

**学習とは「外界を認知したい」という生命の根本的な欲求からスタートする**わけですが、外界を自分自身と切り離されたものと見る「科学的な見方」がすべてではありません。自然科学の分野では、観察の対象を客観的に分析することにより、普遍的な原理原則を導き出そうとします。今日の、文明社会・科学技術は、そうした知の姿勢から生み出された果実と言えるでしょう。

しかし、量子力学の分野では、観察者の観察行為そのものが対象のエネルギー量や位置に影響を与えるという知見が得られています。自分自身を対象とは別物として「客観的に観察する」ことには限界があり、むしろ、自分も対象も一つの連続体（これを宇宙と呼ぶこともできるでしょう）の一部であるという認識を持つことが必要になってきています。ひょっとすると人間の意識もまた、個体の枠を超えた連続体なのかもしれません。

仏教では「個は幻想」という立場をとりますが、**万物はすべてつながっていて、「知る」という行為は、そのつながり（縁起）を確認すること**とも言えるのではないでしょうか？

人間は自然と隔絶された存在ではなく、自然の一部であると考えて行動したほうが、人類という生物種の生存に寄与するはずです。

個人や国という枠組みを絶対的なものとしてとらえると、諍いや戦争の原因になってしまうのですが、より大きな人類社会の一部であるという認識に立てば、調和的な発想が生まれてくるでしょう。人体の中で、左手と右手が戦っている、という状況は考えにくいですよね。

つまり、**学習とは、他者や外界と限りなくつながっていこうとすることであり、学習的に生きるということは、他者や外的な環境と絶え間なく対話していくこと**です。

宇宙が一つのものであるならば、自分に関係のないことなどあり得ません。

**「つながり」をベースにして、他者だけでなく、自らに対しても問いを発し、これまで未知の世界だった領域を知識に変え、さらに知恵へと深めていくことが、学習の本質**

なのです。

かつて、異邦人は、それだけで外敵として排撃されました。それは、容貌などの違いから、未知なるものへの恐怖が湧き上がり、自分（たち）を守ろうという防衛的な本能が働いたからだと思います。

しかし、文明が進化し、科学が発展したことで、現代に生きる私たちは、八〇億人がみなホモサピエンスという一つの種に属していることを知っていますし、私たちの政治経済的・軍事的な意思決定が地球環境に絶大な影響を与えることも理解しています。

企業や主権国家といった枠組みはせいぜい過去数百年のもの。それにとらわれず、お互いに「学習する存在」（ホモ・ディスケンス）だという共通のベースに立って対話を行っていけば、より調和的で平和な地球社会を構築することができると私は信じています。

自然から学び、歴史から学び、文化の多様性から学び合う学習学的なコミュニケーションを実践していけば、人と人、社会と社会が尊重し合える理想の地球社会を構築できると考えます。

## ●ハードウェア、ソフトウェアによる「未知」の征服

未知なるものは、「外にあるもの」とは限りません。

人間は、自分の体の内部についてどれだけ知っているでしょうか。自分の心の底にある思いをどれだけ認識しているでしょうか。もしかすると「自分の内部」は、最大の未開拓分野なのかもしれません。

人間はこれまで、ありとあらゆるツールを使って、外に向かっての開拓を行ってきました。そのツールは「ハードウェア」と「ソフトウェア」に大別できます。

日本でハードウェアと言うと、コンピュータやプリンタのような機械を思い浮かべますね。しかしアメリカでは、バケツやホース、大工道具などを売っている店のことを「ハードウェアショップ」と呼びます。つまり、人体の機能を強化・外延する「道具」全般をハードウェアと呼ぶのです。

人類史を遡れば、最初は木の枝や石を加工した素朴な道具がハードウェアの起源。その後、細かく発展・分化を遂げていきます。

指でモノをつまむのが難しいときはペンチ。紙をきれいに切りたいときはハサミ。重いものを持ちたいときは荷車。遠くを見たければ望遠鏡。人やモノを早く遠くに運びたいときの蒸気機関車……。産業革命や動力革命によってハードウェアの世界は飛躍的に発展しました。それにより未開拓の土地はどんどん切り拓かれ、飛行機、ロケット、潜水艦等が発明されて人々の行動範囲は広くなり、今や、深海の海底や宇宙空間もフロンティアとして探険され、「未知の世界」ではなくなりつつあるのです。

一方、ハードウェアをもってしても強化・外延できない部分もありました。それが脳です。しかし、一九五〇年にコンピュータが開発され、人類は脳の機能を分析し、人力よりも速く計算できる技術を手に入れました。このとき、ソフトウェアという概念が生まれました。

最初はコンピュータ言語やプログラムと呼ばれ、その後、急速に発展を遂げて人間の思考や感覚を外延するもの――OS、アプリケーションなどをまとめてソフトウェアと呼ぶようになりました。

さらに拡大解釈すると「特許」「商標」など、形はないものの経済的価値を持つビジネスモデルや、漫画や音楽のアートコンテンツもソフトと称されることがあります。これらもここ一〇〇年で、急激に伸びた分野と言えます。

## 新たなフロンティア——「ヒューマンウェア」が拓く可能性

こうして有形無形の未開拓分野をどんどん認識の領域内に収めてきた人類ですが、現在、いまだに開発されていないフロンティアも存在します。そう、先ほど述べた「人間の内側」です。

人間はいまだに、脳の仕組みを完全には解明できていません。免疫の仕組みとなると、さらに不可解です。そして、それらは決して医学や脳科学といったフィジカルな分野だけで解明できるものではないことがわかってきています。

「人間は脳の数パーセントしか使っていない」という事実は、単に情報処理能力の領域だけで解釈することはできません。人間の心や感情も深く関わっていますし、脳の仕組みを解明し、パフォーマンスを改善できれば、行動や生活全般の可能性を大きく広げることとなります。

「心理神経免疫学」という分野では、笑うことが人体のウイルス耐性をアップさせる、という発見がありました。笑うと「ナチュラルキラー細胞」の活性度が上がり、ウイルスを撃退する力が高まるのです。**人間の感情と人体とが密接に関わり合っていることを、人類は知り始めています。それは「自分の内部」を学際的・総合的に意識することでもあります。**

**人間の内側には、人類最後のフロンティアが広がっている**のです。この人間の内なるフロンティアの持つ可能性を引き出すテクノロジーを、私は「ヒューマンウェア」と呼びたいと思います。

そのテクノロジーの中核にあるのがコミュニケーションスキルであり対話の手法です。アメリカでは九〇年代にコーチングが普及し、ファシリテーションのノウハウも開発されました。建設的な議論の中で新しい選択肢を生み出す技法としてのブレーン・ストーミングや行動の意義を知るためのロールプレイなども幅広く活用されるようになりました。もちろん、これまで何度か登場したダイアローグもその一つです。

「対話をすると、自分の中にあるものを発見できる」ということは、第五章を通してすでに実感していただけたかと思います。それはとりもなおさず、内なるフロンティアを探究する行為です。

適切な問いかけがあれば、内なる無限の可能性を発見できる——学習は、「最も身近でありながら未知な存在＝自分」を知ろうとすることから始まるのです。

## 人間の内部にある「複数の自己」

ここでもう一つ、ワークをご紹介します。

方法はごく単純。紙を一枚用意して、「私は〜である」の「〜」の部分に当てはまるものを、少なくとも二〇個以上、考えつく限り挙げていきます。仕事や家庭の中の立場を真っ先に思いつく方もいらっしゃるでしょうし、趣味や好み、あるいは「私はそそっかしい」など、性格や特徴を表す形容詞が入ってもかまいません。いつもしている習慣を入れてもいいです。

次に、列挙したものの中から、大事だと思われるものを五個程度選び出し、主観的な重要度で円グラフにしてみます。あなたの中にあるそれぞれの要素は、それぞれどれほどの割合であなたという人格を形成していると感じていますか？

**アイデンティティ・ポートフォリオ**

STEP1
「～は○○である」にあてはまる○○をリストアップしてください

| | |
|---|---|
| 1) | 11) |
| 2) | 12) |
| 3) | 13) |
| 4) | 14) |
| 5) | 15) |
| 6) | 16) |
| 7) | 17) |
| 8) | 18) |
| 9) | 19) |
| 10) | 20) |

STEP2
主観＆直感的に重要なものを五つくらい選んでください

STEP3
主観＆直感的に順位をつけ、合計100%になるように円グラフに描いてください

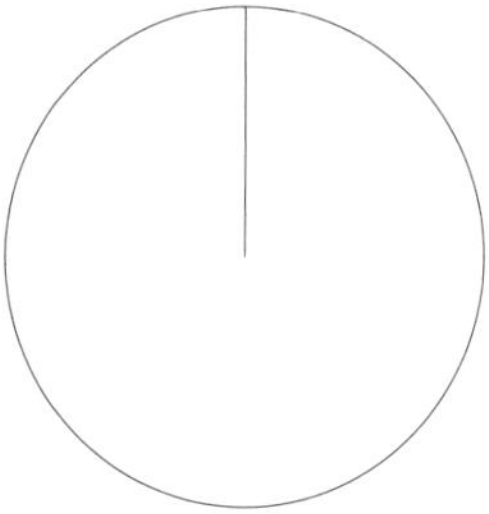

このエクササイズを私は、「アイデンティティ・ポートフォリオ」と呼んでいます。自分が、自分自身のアイデンティティをどのようにとらえているかを確かめる試みです。

さて、どのような結果が生まれたでしょうか。国籍、性別、年齢、性格、習性、仕事、家庭内の役割など――さまざまな自分の姿が浮かび上がってくるはずです。

中には対立し合う要素もあるでしょう。プライドが高いのに自信がなかったり、人見知りなのに大胆だったり、という、相反する両面を見ることもあるでしょう。

図13

アイデンティティポートフォリオの記入例

Bさんの場合(p.222に登場)

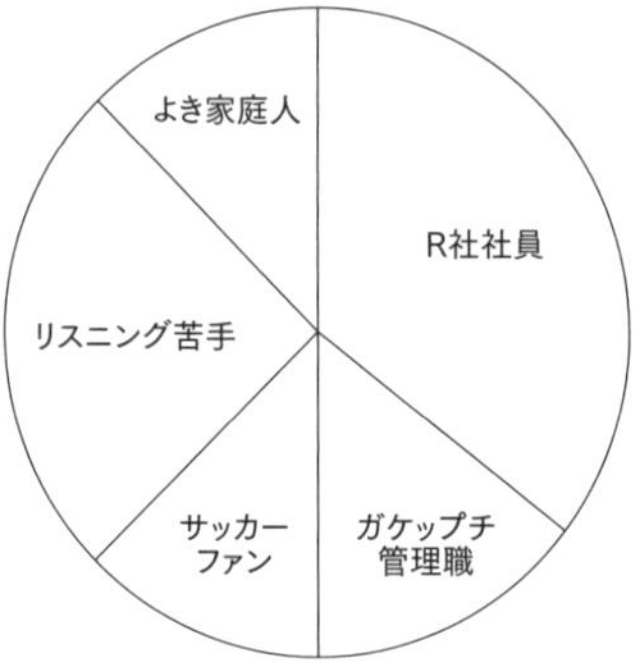

このように、一人の人の中にはさまざまなアイデンティティが混じり合っています。ときには複数のアイデンティティ同士がぶつかり合い、葛藤を起こし、苦悩の原因になることもあります。

しかし、そうした葛藤のまるでない人生はあり得ません。

自分の中にある複数の自己の存在を認めることが、他者との対話の第一歩になります。異質な思考を自分の中で対話させる作業を行うときに人は、「自分の外にある自分と異なる存在」＝「他者」との接し方をも学んでいくのです。

## 異なる存在と対話するときの考え方

他者との関わりとなると、より鮮烈に違いが目に入るでしょう。そのため、別個の人間同士の間には、ともすれば軋轢が起こります。そのとき、自分の立場からばかりでなく、他者の立場からものを見られるかどうかが鍵となります。

このとき助けとなるのが、前項で行ったワークです。自分のアイデンティティをできる限り多く挙げたことは、自分の中の複数の「視点」をピックアップしたということです。「私は男性である」「私は研究者である」と書いた場合、それは「私は男性としての視点を持っている」「研究者としての視点で世界を見ている」ということです。アイデンティティとは、多様な「視点」をも意味するのです。

これを、他者にも当てはめてみましょう。自分の中で複数の視点から対話を行ったように、他者の「私は〜である」という言葉に耳を傾け、その視点に立ってみるのです。他者の持つアイデンティティもまた一様ではないはずです。自分と似通ったところもあれば、まるで違うところもあるでしょう。そうした共通点と相違点を、バランスよく見ていくことが大事です。

どんなに異質に見える相手でも必ず共通点はあります。すべての人は「人類」であり「生物」であり、日本人同士なら言葉や風習、「知っている歌や文化を共有している」といった共通項があり得るでしょう。

相違点ももちろんありますが、それは決して悪いことではありません。相手が自分となんら変わりもない存在なら、新しいものは何ももたらされません。異質だからこそ、掛け合わせると新たな何かが生み出されます。人はそれぞれ違った性格と持ち味を持ち、違った役割を果たします。多様性を尊重する姿勢を保ち、それぞれの役割をいかに組み合わせるかを考えることが協力関係の基礎となります。

## 戦争は「レッテル貼り」から始まる

共通点と相違点をバランスよく俯瞰し、前者に対しては親近感と連帯感、後者に対しては組み合わせの妙を模索する。それが他者とつながるための最善の方策です。

この視点と対極にあるのが、短絡的な「レッテル貼り」です。共通点に固執して、自分と同一の存在であるかのように見なしたり、相違点ばかりに目を向けて敵視したりすることを指します。より始末に負えないのが後者です。相違点への意識が一〇〇%を占めてしまい、「相容れない」と決めつけてしまうと、そこから先は対立関係しか生まれません。

この不幸な関係は個人間だけでなく、地域と地域、国と国の間にもしばしば生じます。国と国との間で、それが最も激烈な形をとったとき、「戦争」と呼ばれます。

戦争は、決して武力の行使からスタートするのではなく、「自分たちとは違う」という決めつけと線引きにあります。複眼的な視点は忘れ去られ、相手を一面的にしか見られなくなるのです。ここから心の対立が生まれ、その延長線上に武力が行使されます。

第二次世界大戦中、日本はアメリカやイギリスのことを「鬼畜米英」と呼びました。「鬼畜」という言い回しは仏教用語の「餓鬼道・畜生道」から来るもので、「人間以下の存在」という意味です。「彼らも自分たちも同じく人間である」という、理性的に考えれば誰にでもわかる事実が忘れ去られてしまっているのです。

ここには、極端なナショナリズムがあります。当時の為政者は、どこの国でも国民に自国民としての誇りを最大限に持たせ、挙国一致で戦いに望ませようと意図したのです。もちろん、愛国心というものを否定する気は全くありません。私自身も、日本人であることを心から誇りに思っています。しかしこの認識だけを、あらゆる人にあらゆる場面で押し付けた当時の政策は明らかにやりすぎだと感じるのです。

当時は日本だけでなく、世界中の多くの国でこうしたナショナリズムが生まれた時代でした。それが世界各地でどのような悲劇を生んだかは、みなさん、ご存じの通りです。「すべての人間同士は、互いの共通点と相違点を両方持っている」という認識に立つこと、理性的に他者を見ること、思考停止に陥らないこと——人類が通った負の歴史から、私たちはその姿勢を「学習」しなくてはなりません。

## 「マジョリティ」の枠を意識しよう

戦争や対立関係以外でも、他者との断絶は起こり得ます。それは「無関心」です。ここでまた、先ほどの「アイデンティティ・ポートフォリオ」を思い出してください。「私は〜である」と列挙したもののうち、「私は健常者である」と書いた読者はどれだけおられるでしょうか。かなり少ないのではないかと思います。対して、もし何らかの障害がある方は、そのことを書かれたのではないでしょうか？

もう一つ例を挙げましょう。右利きの方の中で、そのことを挙げた読者はいるでしょうか。やはりその数は少ないでしょう。けれども、左利きの人の中には、「私は左利き」と明記された方が少なからずいらしたでしょう。

これは、「マジョリティは、自分のマジョリティ・アイデンティティに気づきにくい」ということの表れです。

マイノリティの立場にある人は、社会の中でそれを意識せざるを得ません。左利きの人は自動改札機を通りにくい、ワイシャツの胸のポケットが使いにくい、ハサミの使い勝手が悪い、といった不便をしょっちゅう味わいます。そのたびに自分が左利きであることを意識します。しかしマジョリティに属する人はそうした不自由を感じないがゆえに、自分がマジョリティの視点に立っていることに気づかないのです。

これは避けようもなく起こる現象ではありますが、できれば「自分にも、見過ごしているマジョリティとしてのアイデンティティがあるのではないか」という意識を持ちたいものです。それによって、世界の中で不便や不自由を感じている人々への意識も、自然と育っていくからです。

## 国際的な取り組みを

このように、「自分がこの地球の上でどのような存在か」をさまざまな角度から考えていくことは、必然的に、すべての他者を思いやる意識へとつながります。これは、私たち日本人にとって、特に大きなテーマです。

現在の日本は、いわゆる「先進国」であり、治安もよく、物資もインフラも整っている、いわば「恵まれた国」です。しかしそうなれたのは、私たちの力だけによるものではありません。資源の少ない日本は、他の国のさまざまな食料や燃料に頼っています。この豊かさは、他の国々とつながることによって可能となったのです。ならば、「日本だけが幸せならいい」という考えにとどまるべきではありません。

ここで思い出すのが、ブータンのジグミ・ケサル・ナムゲル・ワンチュク国王が掲げる「グロス・ナショナル・ハピネス（GNH＝国民総幸福量）」という言葉です。ワンチュク国王は、GNPの代わりにGNHを国づくりの指標に掲げたいと語りました。ブータンは物質的豊かさという点では決して十分ではないが、国民の幸福さはどの国にも負けない、そんな国づくりをしたい、という素晴らしい考えです。近年、その幸福度が急低下したという報道に接し、とても残念に感じます。

これを日本に置き換えるとどうでしょうか。幸い、物質的豊かさは満たされています。しかし幸福量に関してはまだまだ頑張らなくてはいけません。しかも、日本の場合には「国内の」幸福量だけを考えていてはいけないのです。

今、日本人がブータンに倣って幸福を追求するなら、「GNH」ではなく「GGH」を目指すべきではないでしょうか。つまり、「グロス・グローバル・ハピネス」——国という枠を超えて、地球全体の幸福量をアップさせるべく努力することです。

さらに言えば、Gross Global Appreciation あるいは、Gross Global Gratification、つまり、地球社会全体に存在する感謝の量を増やしていこう、という考え方を私は提案しています。Appreciation は「真価を認めること」、Gratification とは「感謝の気持ち」を表します。

今後、人口が激増する地球社会の上で、これまでの先進国の国民が享受してきた物質文明的な豊かさを人類すべてに行き渡らせるのは極めて困難であり、地球環境がもたない懸念があります。人口と物質的な豊かさの両方を右肩上がりで増大させていくことには限界があります。

しかし、同じ量の物財から、より多くの幸せを得ることは可能です。

目の前にあるグラス一杯の水を見て、「なんだ、ただの水か」と思ってしまえば、それで終わりです。しかし、「人体の七〇%は水でできていて、水がなければ人は三日で死ぬ」「水は人体内で、こんな役割を果たしている」「雨水が飲料水になるためには、これだけの人の努力と技術が注ぎ込まれている」「宇宙空間に水が液体の状態で存在する確率は極めて低い」といった知識を持てば、グラス一杯の水の「有り難み、真価」がわかり、感謝の気持ちが増すのではないでしょうか？

つまり、**地球環境の制約条件の中で人々の幸福を増大させるには、学習が必要**だということです。

私のこの発想は、先進国の国民であるからこそ意識し得たものです。物資の足りない国や紛争の絶えない地域では、地球全体の幸福を考える余裕はありません。必要なインフラが整えられ、世界の情報がふんだんに入る国にいてこそ可能となるのです。ですから、地球全体のことを考え未来を構想するのは、先進国に住む我々の義務でもあります。先進国の政治的意思決定は、地球社会に与える影響が非常に大きいからです。私たちが意思決定を誤れば、それだけ世界に与えるダメージも強くなるでしょう。

環境問題にせよ紛争解決にせよ、地球全体のこと、次世代のことを考えて個々人が行動すること、それを考えられる政治の担い手を見極めて送り出すこと。そうした生き方、Planetary Perspective（地球的視点）を持つことが、私たちには求められています。

## 学んだことを独り占めしない

誰かのものを取ってしまうと取られた人の取り分は減ってしまいます。全体量は決まっていて、それぞれの持ち分は決まっているのに取り合う関係にあるものの考え方を「ゼロサム」と言います。

権力というのはすべてゼロサム構造です。与党が権力を持っていると野党は権力を失います。お金や土地もゼロサムであり、ゼロサムには必ず争いが生じます。

現在は地球温暖化などの環境資源が問題となっています。私たちは数十年前まで、地球資源は無限にあるものだと思い込み、使い続けていました。しかし、現在の人類の人口は、八〇億人を超え、枯渇することはないと考えられていた資源の消費量は莫大なものに膨れ上がり、大きな問題となっています。

資源を争うということは本当に愚かなことであり、地球環境にどれだけ大きな影響を与えるかということを認識するべきです。

第二次世界大戦では資源などの石油、植民地を争って、戦争をし、多くの人が亡くなり不幸になりました。第一次世界大戦後には国際連盟、第二次世界大戦後には国際連合がつくられ、世界全体で争いをやめようと多くの国が協力するようになりました。

しかし結局は、経済活動や政治活動において世界中で権力の取り合いが続いています。限られたものを取り合うという発想から抜けられないというのが、今の人類の最も大きな問題です。

世界の生産活動、経済活動において、どんな経済の仕組みで、ものの循環の仕組みをつくったら、人類みんなが幸せになれるのかを考えることが重要です。

自分や会社の利益よりも、人間はみなが学ぶ存在であるという同じ土俵の上に立ち、どのように経済活動をやっていくのかを考える、ということをしていかなければならないのです。


誰が責任者になるのかと権力を求めて一つのものを取り合うのではなく、政治や日本の在り方、世界の在り方をお互いに学び合い、どんな未来をつくっていくのかのビジョンを共に構築していくというのが学習学的な考え方です。


では、ゼロサム構造からどう脱却できるのか。

それはその人の持っているものを奪うのではなく、「シェアをする」ことです。

全体量は変わらず、個人の持っている持ち分も変わらないけれど、シェアによって、社会全体としての便益が何倍にもなり、循環した社会をつくることができます。

つまり、知識や情報、文化、芸術などのシェアリンググッズが社会にもたらす**便益の**

**総量は、「分かち合った人数倍」になるのが特徴**です。n人でシェアすれば、便益はn倍になります。こうしたパラダイムシフトをしていけば、ゼロサムの限界を超えることができます。

## 学びの究極は、「地球市民」の意識につながる

ゼロサムではなくシェアを。取り合うのではなく、共有することを。学習学的に生きるということは、突き詰めるとこの生き方につながります。

「知りたい・学びたい」という思いは、すべての未知に向けられるからです。

自分という未知、他者という未知、自然という未知に分け入っていくとき、人はさまざまなものに出会います。異質なもの、理解できないもの、ときに不快に感じるもの。それらとの出会いも、学習学的生き方が試される瞬間です。

不可解だ、不愉快だ、と単純に判断して敵意を抱いたり、目を背けて無関心へと陥っ

ていくことは理性の放棄であり、「ホモ・ディスケンス」であることの放棄です。

自分自身の内なるアイデンティティ、家族との関係、学校や職場、地域の人々との交流、他府県の人々との関わり、近隣諸国、あるいは遠い国々との交わり方、そしてまだ見ぬ未来の自分の子孫との関わり……。これらはすべて未知なるものであり、他者（自分の内部も含めて）であり、「異物」になり得るものです。しかし一つ残らず、共通点を持っています。

それが「この地球を形成するものである」という点です。私たちはみな同じく地球市民であり、大自然の一部なのです。

グローバル教育、国際理解教育の目的は、「すべての人の心の中に、地球人アイデンティティを育むこと」だと私は考えています。「地球社会の一員」「大自然の一部」などという表現でもOKです。学習学の究極目的であるラーニング・プラネット――「学習する地球社会」の実現は、この意識を持つことから始まります。

「自然から学び、歴史から学び、文化の多様性から学ぶ」ことにより、本当に平和な社会が実現するのではないでしょうか。逆に、「私だけ」「日本人だけ」「現代に生きる私たちだけ」「人間だけ」よければよいという発想では、地球の未来は描けません。

本書を読んでくださった方々ならおそらく、「私は〜である」とアイデンティティを定義するときは、「地球人」「地球上の生物」といった、地球サイズのものも挙げるようになるでしょう。そしていつか、すべての人の中にその意識が宿ることを望みます。

「学習」というテーマをもとに、自分の身の回りの小さなステップから、世界の平和と幸福まで大きな幅で語ってきましたが、これらはすべてひと続きのものです。

学びたいと願う人が、すべての対象に働きかけ、語りかけ、耳を傾ける――その「対話の営み」が続く限り、個人の可能性、社会の幸福は、限りなく大きく地球規模へと、広がっていくのです。

## あとがき

誰もが、社会が激変していることを知っています。しかし、それを傍観者として見ているだけで、自分自身が主体者、当事者として、その変化の担い手になろうとはしていません。

地球環境問題も、少子高齢化も、ＡＩやロボットの台頭も、日本経済の衰退も、民主主義の危機も、手をこまねいて見ているだけ。政府（＝お上）がなんとかしてくれるという「カミカゼ」を待っている人、政府を批判はするけれど行動には移さない人、政府を批判する人を批判するだけでやはり行動に移さない人。そして、行動しない言い訳を並べる力だけは抜群の人。

そんな「情けない大人」がほとんどなのではないでしょうか？

そして、残念なことに、これは僕自身にも当てはまります。

忸怩たる思いをもって、今、悔恨の気持ちでこの「あとがき」を書いています。

はっきり言います。政府はあてになりません。

おそらく吉田ドクトリンをベースに、日本が高度経済成長を謳歌し、日米貿易摩擦を起こしていた頃までは、まだ日本政府の機能はかなり高かったのです。しかし、一九八五年のプラザ合意以降、ルールが変わりました。その後の日本がたどったのは、これまでの手が通用しないと知りつつ、新しいモデルへの転換を図ることなく、思考停止に陥ってきた四〇年だったのではないかと。

「日本型資本主義社会の模索」などと言いながら、実は何もしてこなかったのではないか。誰かがなんとかしてくれる、という、「悪い意味の他力本願」だったのではないか。

とはいえ、どこから手をつけたらいいのかわからない。

自分が担い手になれるか自信がない。

自分が担い手になったところで、どうせ社会は変わりはしない。

そんな言い訳が聞こえてきそうです。

自己肯定感が低いだの、指示待ち族だの、子どもや若者のことを問題視し、批判的な目を向けている大人自身が、実はこのていたらく。

自己信頼が低くて、誰かに決めてほしい、という「待ち」の姿勢にいたのではないか。

しかし、自分のことを棚に上げて、傍観者でいる場合ではありません。

まずは、大人が学ぶところから始めよう、というのがこの本の趣旨です。

そして、まず、「学ぶ」という概念をアップデートする必要があります。

「学校の教室に集まって、先生から教科書に書いてあるような過去の知識・正解を教わる」というイメージが強すぎるのです。

過去の正解は、よほど吟味しなければ役に立ちません。現在の状況に照らして、どの知識が有効かを検証するよりは、新しい道を生み出していくことが有効です。

百発百中、命中するとは限りません。

映画「シン・ゴジラ」で、自衛隊の榴弾砲は「全弾命中」しましたが、ゴジラを倒すことができなかったのは、日本社会を象徴していると感じました。百発百中した。訓練通り完璧に仕事をこなし、間違ってはいないけれど、効果がない。毎日、決められたパターン、常識的な働き方で、一生懸命働いているけれど、成果に結びつかない。
ゴジラを倒したのは、エリートではなく、どちらかと言えば「アウトロー」的な集団が生み出した新しいアイデアでした。それが必ずうまくいくという保証はなかったけれど、やるしかない、という危機感の中で、トップの決断と現場の貢献により実現できたのです。

今、学校では「総合学習の時間」「探究学習」が広がっています。導入時の狙いから外れた面もあり、運用上の紆余曲折もありますが、昔の学校とは確実に変わってきています。そして、新型コロナウイルスの蔓延により、オンライン授業が増え、リモートで働く人が増え、ITリテラシーの平均値が上昇している今の状況は、日本復活のチャンスなのです。いや、チャンスにしなければなりません。

キーワードは、学習学、最新学習歴、自己ベストの更新、つながりを大切にした類的学習。
大人にこそ、今、学校に導入されている探究学習が必要なのです。

大人が探究し続ける姿勢を示してこそ、子どもたちが学ぼうとするわけです。

大人が学ばなければ、日本はよくならない。

逆に大人が最新学習歴を更新することで、日本の未来は明るくなる。そう確信しています。

人生一〇〇年、他者とつながりながら、自分らしく、楽しく、学び続けていこうではありませんか！

本間正人

二〇二四年　五月

## 著者紹介


### 本間 正人 ほんま まさと

「教育学」を超える「学習学」の提唱者。アクティブ・ラーニングを30年以上、コーチングを25年以上実践し、「研修講師塾」「調和塾」を主宰。NHK教育テレビでビジネス英語の講師などを歴任したほか、企業や官庁の管理職や教員・医療関係者対象の研修講師を務めてきた。

現在、京都芸術大学客員教授、らーのろじー（株）代表取締役、NPO学習学協会代表理事、一般社団法人クロスオーバーキャリア代表理事、一般社団法人キャリア教育コーディネーターネットワーク協議会理事、NPOハロードリーム実行委員会理事などを務める。

誰もが最新学習歴を更新し続ける「ラーニングコミュニティ」「学習する地球社会のビジョン」構築を目指す。 コーチングやほめ言葉、英語学習法、などの著書多数。

東京大学文学部社会学科卒、松下政経塾（3期生）を経て、ミネソタ大学大学院修了（成人教育学 Ph.D.）。

本間正人個人ページ　らーのろじー株式会社　Facebook



BOW BOOKS 026

100年学習時代
はじめての「学習学」的生き方入門

発行日　2024年5月30日　第1刷
　　　　2024年7月31日　第2刷

著者　本間正人
発行人　干場弓子
発行所　株式会社BOW&PARTNERS
　https://www.bow.jp　info@bow.jp
発売所　株式会社 中央経済グループパブリッシング
　〒101-0051　東京都千代田区神田神保町1-35
　電話 03-3293-3381　FAX 03-3291-4437

ブックデザイン　遠藤陽一（DESIGN WORKSHOP JIN）
編集協力＋DTP　BK's Factory
校正　小宮雄介
印刷所　中央精版印刷株式会社




ISBN978-4-502-50861-5